TORCHE FULGURANTE

OU

TORCHE NUMÉRO 6

REV. RENAUT PIERRE-LOUIS

Pour toutes informations regardant nos ouvrages et vos brochures évangéliques, adressez-vous à:

Peniel Southside Baptist Church
P.O. Box 100323
Fort Lauderdale, Fl 33310
Phone: 954-242-8271
954-525-2413
Fax: 954-623-7511
Website: www.penielbaptist.org
Website: www.theburningtorch.net
E-mail: renaut@theburningtorch.net
E-mail: renaut_cyrille@hotmail.com

Copyright © 2015 by Renaut Pierre-Louis
Tous droits réservés @ Rév. Renaut Pierre-Louis

Attention : Il est illégal de reproduire ce livre en tout ou en partie sous quelque forme ou par quelque procédé que ce soit, électronique mécanique, photographique, sonore, magnétique ou autre, sans avoir obtenu, au préalable, l'autorisation écrite de l'auteur.

Les ouvrages dans les trois langues française, anglaise et créole, sont aussi disponibles chez :

Michel Joseph:
192-21 118 Rd St Albans, N.Y. 11412
Phone: 917-853-6481   718-949-0015

Rév. Julio Brutus:
P.O. Box. 7612 Winter Haven, FL 33883
Phone: 863-299-3314 ; 863-401-8449

Rev. Edouard Georcinvil
725 NE 179th Terr N. Miami Bch, FL 33162
Phone: 305-493-2125

Rév. Evans Jules:
Eglise Baptiste Bethel
5780 W. Atlantic Ave   Delray Beach Fl 33444
561-452-8273 561-266-5957

Iliana Dieujuste
2432 Indian Bluff Dr Dracula, GA 30019
Phone: 954-773-6572

Série 1

Les profondeurs de Dieu

PREFACE

Chers amis, vous venez de couvrir avec nous cinq années de voyage dans le champ de la littérature chrétienne. Il est tout à fait normal de vous présenter les nouveaux sujets avec une certaine variante pour rompre avec la monotonie. En effet, chaque série de leçons était suivie du «Coin des moniteurs» pour les aider avec la révision. Aujourd'hui nous lui substituons les questions avec l'option pour l'étudiant de choisir la bonne réponse. Au lieu de prévoir un glossaire de consultation à la fin de l'ouvrage, nous mettons la signification des mots immédiatement à la fin de la leçon correspondante. Néanmoins, le texte d'or dont vous aviez autrefois seulement la référence, est écrit sur la page de texte et tous les versets appris pendant le trimestre seront classés à la fin de la série comme précédemment. Dorénavant, vous aurez des leçons spéciales pour couvrir certaines grandes dates du calendrier religieux au lieu de chercher midi à quatorze heures.

Cependant, puisque nous voyageons ensemble, il est indispensable de nous mettre d'accord pour aller jusqu'au bout. Par conséquent, il nous faudra maintenir le dialogue pour savoir quel sujet vous intéresse. Ainsi nous serons des partenaires de travail au service tous.

Cette fois-ci, en plus des collègues qui m'ont supporté jusqu'ici d'une manière inconditionnelle, je dois citer les noms de pasteur Jean Etienne qui m'a suggéré le sujet LE FOYER CHRETIEN et pasteur Robert Chéry pour la série sur LA PRIERE.

J'attends votre suggestion pour le septième tome. A Dieu soit toute la gloire!

Pasteur Renaut Pierre-Louis

Série I
Avant-propos
Les Profondeurs De Dieu

Cette série de leçons ne saurait être admise dans l'esprit du lecteur s'il n'accepte au moins que les perfections invisibles de Dieu se voient comme à l'œil nu quand on les considère dans ses ouvrages.

C'est le Dieu de la révélation qui donne à l'homme la capacité de percevoir et de comprendre même les choses abstraites.

Dans cet ordre d'idées, l'auteur vous invite à vous associer à lui pour découvrir ensemble certains aspects de ce Dieu invisible et présent dans la mesure où il se rend accessible.

Leçon 1
Le pouvoir absolu de son nom

Versets de base: Ge.14:18-19; 17:1,18-19; 21:33; 1S.1:3 Job.12:10; 36:26; Ps.115:4; Es.48:12-13; 57:15; Je.23:23; 29:12; Mi.5:1; Mal.3:18; Ac.1:7

Texte pour la classe: Es.42:5-9

Texte d'or: Vous êtes mes témoins, dit l'Eternel, vous et mon serviteur que j'ai choisi, afin que vous le sachiez, que vous me croyiez et compreniez que c'est moi; Avant moi il n'a point été formé de Dieu et après moi il n'y en aura point. **Es.43:10**

Méthodes: comparaisons, histoire, questions

But: Porter l'homme à reconnaitre le pouvoir absolu de Dieu.

Introduction

Si des orgueilleux disent: «Je ne suis pas comme le reste des hommes», ils doivent baisser pavillon devant le Dieu Suprême.

I. Dieu dans ses relations avec lui-même.

1. Il s'appelle Elohim ou Dieu au pluriel. Cela ne signifie pas qu'il y ait plusieurs Dieu (X).
2. *Elohim en hébreu est un pluriel de puissance et non de quantité*. L'homme est à court d'expressions pour définir ce qu'il ne peut concevoir.
3. Dieu habite dans les lieux élevés, inaccessibles aux hommes. Esa.57:15
4. *Ainsi il s'appelle Elyon qui signifie «Dieu Très-Haut»*.Ge.14:18-19
5. Il réunit tous les pouvoirs et s'appelle *"El Shaddai" le Dieu Tout Puissant* C'est ainsi qu'il se nomme devant le vieux Abraham pour lui signifier que rien ne lui est impossible. Et pour preuve, Sara âgée de 90 ans enfantera Isaac, soit 40 ans

au moins après la ménopause. Son mari Abraham avait lors 100 ans, deux vrais candidats qualifiés pour le Nursing Home et qu'on aurait **admis à partager la même** chambre sans hésiter car **«ils n'ont plus de désirs»**, aux dires de Sara. Ge.17:1; 17:18-19; 18:12.
   6. **Dès lors, Abraham** appelle Dieu « **El Olam,** » le Dieu de l'éternité, c'est-à-dire le Dieu dont personne ne connaît l'âge, l'origine, les dimensions, et les profondeurs. Ge.21:33; Job.36:26; Mi.5:1

II. Ce Dieu par rapport aux autres dieux.
   1. Il est incomparable: il a fait ce que les dieux ne peuvent faire: Il créa tout à partir de lui-même. Les autres dieux sont l'ouvrage de la main des hommes ou des produits de l'imagination. Ps.115:4, 8
   2. Il soutient l'univers par sa force. Job.12: 10
   3. Il fait des choses que les dieux ne peuvent reproduire: la terre, les cieux, la vie, la mort, par exemple.
   4. Les autres dieux sont locaux, régionaux. Notre Dieu est partout. Il sait tout, il fait ce qu'il veut et ne reçoit d'ordre de personne. Il est souverain. Je.23:23
   5. Il trace la destinée de ses enfants et il forme des projets pour eux; les autres dieux ne peuvent rien planifier pour leurs adeptes. Je.29: 12; Esa.48:12-13
   6. Il fait que chaque chose marche en son rang et suive le cours de sa destinée. Il est l'alpha et l'oméga. Ac.1:7; Ap.1:8

Conclusion:

Tu ne prendras pas le nom de ton Dieu en vain!

Questions

1. Trouvez la vraie définition d'Elohim : ___ Halloween ___ Dieu au pluriel ___ dieux

2. Trouvez une autre définition pour Dieu au pluriel ___ Des dieux ___ Un pluriel de puissance et non de quantité ___

3. Choisissez la vraie définition pour Elyon : ___ Frère Elie ___ Marcellin ___ Dieu très haut

4. Cochez la vraie réponse pour El-Shaddai : ___ Frère Codada ___ Dieu Tout-Puissant ___ Adam

5. Vrai ou faux:
   a. Abraham appela Dieu El Olam le Dieu de l'éternité. ___ V ___ F
   b. Les autres dieux peuvent faire du bien ___ V ___ F
   c. Notre Dieu est partout ___ V ___ F
   d. Il crée tout ___ V ___ F
   e. Il sait tout ___ V ___ F

Leçon 2
Dieu dans ses relations avec les hommes

Versets de base: Ge.2:7-9;15-25; 3:16-24; 22:13-14; Ex.3:14; 17:8-15; 15:26; 20:7; 33:14-15; Jg.6:24; 1S.1:3; Es. 48: 35; Je.23:6; Ac.2:36; Ro.5:1

Texte pour la classe: Ex.3: 7-14

Texte d'or: Dieu dit à Moise: «Je suis celui qui suis» Et il ajouta: C'est ainsi que tu répondras aux enfants d'Israël: celui qui s'appelle «Je suis» m'a envoyé vers vous. **Ex.3:14**

Méthodes: discours, comparaisons, questions

But: Montrer la participation de Dieu dans notre vie de tous les jours.

Introduction:
Quand Jésus apprenait à prier aux disciples, il leur recommanda de dire: «Notre Père...Que ton nom soit sanctifié», c'est à dire "que ton nom soit mis à part" Quel est ce nom?

I. Noms de Dieu:
1. *Yhwh*, nom exclusif de Dieu. Les juifs craignirent de le prononcer ou même d'ajouter des voyelles à ce nom de peur de le prendre en vain. Ils **préféraient** employer Adonaï qui veut dire "Mon Seigneur". Ex.20:7; Ac.2:36
2. *Je suis*. Pour montrer que Dieu vit dans un éternel présent. Ex. 3:14
3. *El Olam ou Dieu d'éternité* Ge.21:33, *El Gibor ou Dieu puissant* Es/9 ;5-6, *El Shaddai ou Dieu Tout-Puissant*. Ge.17:1

II. **Le nom de Dieu dans ses rapports avec l'homme.**
   1. **Yahvé-Elohim**: son premier nom dans ses relations avec l'homme.
      a. Comme créateur. Ge.2:7-15
      b. Comme autorité morale. Ge.2:16-17
      c. Comme celui qui établit et contrôle les rapports dans la société humaine. Ge.2:18-24; 3:16-19, 22-24
   2. **Jéhovah-Jiré**: Dieu pourvoit. Ge.22:13-14 C'était l'expression d'Abraham à son fils Isaac quand il lui demandait «où est la victime» pour le sacrifice.
   3. **Jéhovah-Nissi**: l'Eternel ma bannière. Ex.17:8-15 Dieu a pris ce nom après sa victoire sur Amalek.
   4. **Jéhovah-Rapha**: l'Eternel guérit: Il guérit les maux physiques et spirituels. Ex.15:26
   5. **Jéhovah-Tsidkenu**: l'Eternel ma justice. Je.23:6 Ce nom apparait dans une prophétie concernant la restauration future et la conversion d'Israël. Alors Israël acclamera "l'Eternel notre justice"
   6. **Jéhovah-Shalom**: l'Eternel envoie la paix. Jg.6:24 C'est le ministère rédempteur de Yahvé: il hait le péché, mais il aime le pécheur et le sauve par un sacrifice. Ro.5:1
   7. **Jéhovah-Schamma**: l'Eternel est ici Ez.48:35 Ce nom évoque la constante présence de Dieu au milieu de son peuple. Ex. 33:14-15

Conclusion

David l'appela «mon berger». Ps.23:1 «ma lumière» Ps.27:1; «mon rocher, ma forteresse, mon libérateur» 2S.22:2 sous quels noms le connaissez-vous?

Questions

1. Citez deux noms exclusifs de Dieu. YHWH, Je Suis
2. Trouvez la vraie réponse:
   a. Les juifs avaient peur de prononcer le nom de Dieu.
   b. Ils craignirent de faire des fautes de diction.
   c. Ils craignirent de le prendre en vain.
   d. Ils craignirent la persécution des Egyptiens.
3. Dites par quel nom ils le remplacent ___ Adonaï ___ El Shaddai ___ El Olam

4. Israël l'appelait Yaweh-Elohim. Donnez la vraie réponse.
   a. C'est Dieu dans ses rapports avec l'homme pour montrer son autorité et son amour
   b. C'est Dieu dans son amour pour les hommes
   c. C'est Dieu dans ses jugements contre les hommes
5. Vrai ou faux
   a. Jéhovah-Jire veut dire «Dieu pourvoit» __ V __ F
   b. Jéhovah- Nissi c'est «L'Eternel, ma bannière» __ V __ F
   c. Jéhovah-Rapha veut dire « Dieu fait une rafle» __ V __ F
   d. Jéhovah-Tsidkenu veut dire «Si c'était nous» __ V __ F
   e. Jéhovah-Shalom c'est «L'Eternel envoie la paix». __ V __ F
   f. Jéhovah-Shamma veut dire «L'Eternel est ici» __ V __ F
   g. David l'appelle «Mon berger, mon rocher, ma lumière, mon salut» ___ V ___ F

Leçon 3
Le Dieu de la révélation progressive

Versets de base: Ge.2:15; 7:14-22; 15:5; 18:2; 16-21; 12:19-27; Ex.3:1-2; 13-15; 7:1; 14:14; 1S.8:5; 15:10; 2Ch.14:7-8; 11-13; Je.47:1

Textes pour la classe: Ex.3:1-2, 13-15

Texte d'or: L'ange de l'Eternel lui apparut dans une flamme de feu, au milieu d'un buisson. Moise regarda, et voici, le buisson était tout en feu et le buisson ne se consumait point. **Ex.3:2**

Méthodes: histoire, comparaisons, questions

But: Montrer comment Dieu *semble* évoluer de pair avec la compréhension de l'homme.

Introduction:
Nous ne savons de Dieu que ce qu'il veut nous révéler. Dans cette leçon, nous allons considérer sa révélation graduelle.

I. **D'abord, Dieu dans ses théophanies.** La théophanie c'est l'apparition de Dieu sous une forme humaine. Il s'adresse à l'homme dans le langage qu'il peut comprendre.
   1. **Un Dieu associé à Adam**. Il devait donc se faire visible. Ge.2:15 Ici Dieu planta en Eden un jardin et en fait de l'homme son gérant. Nous imaginons qu'il l'a peuplé de tous les fruits, les légumes et les céréales qui nous sont conservés jusqu'à présent.
   2. **Un Dieu ami d'Abraham.** Ge.15:20 Il se réduit à la dimension d'un homme pour s'asseoir chez Abraham et lui parler en ami. A la fin de sa visite, Abraham sortit pour le reconduire. Ge.15:5 Quand il fallait détruire Sodome et Gomorrhe, il se présenta comme l'Ange de l'Eternel

accompagné de deux anges pour avertir son ami au sujet de la destruction de ces deux pays. Ge.18:16-17

II. Dieu dans ses interventions indirectes
1. Noé bâtit une arche d'après la description de Dieu. A la fin, Dieu la supervisa et en ferma la porte. Ge.7:16
2. **Un Dieu champion.** Il s'incarna en Moise pour terrasser Pharaon Ex.7:1
3. **Un Dieu roi** : il règne en Israël à travers ses serviteurs. 1S.8: 7
4. **Un Dieu Général de Division.** Il dirige les opérations militaires d'Israël et en a le crédit. Avec lui, la victoire est assurée d'avance. Ex.14: 14; 2Ch.14:7-8, 11-13

III. Enfin, Dieu dans d'autres interventions indirectes:
1. Les juges, les sacrificateurs s'adressèrent au peuple d'après les révélations reçues de Dieu. Je.47 :1
2. Les prophètes diront: «Ainsi parle l'Eternel» pour rapporter les paroles de Dieu au peuple. Es.50:1

Conclusion: Et voilà ce Dieu invisible et présent qui veut intervenir dans votre vie personnelle. Allez-vous refuser de le recevoir?

Questions

1. Donnez la vraie réponse. Théophanie veut dire:
   a. Apparition de Dieu sous une forme humaine
   b. Sœur Théophanie
   c. Le diable en personne

2. Dites qui ferma la porte de l'arche ___ Dieu ___ Noé ___ Samson

3. Donnez la vraie réponse: Pour combattre pharaon
   a. Dieu s'incarna en Moise
   b. Dieu envoie des anges avec Moise
   c. Dieu lui envoie la sécheresse

4. Donnez la vraie réponse: Dans les combats d'Israël
   a. Dieu fait appel aux Nations Unies.
   b. Il fait appel à lui-même comme L'Eternel des armées
   c. Il loue des chars d'assaut des philistins

5. Cochez les vraies réponses: Pour le représenter devant le peuple, Dieu employa ___ des juges ___ des policiers ___ des prophètes ___ des préfets ___ des sacrificateurs.

Leçon 4
Le Dieu de la révélation parfaite

Versets de base: 1R.22:20-22; Mt.8:29; Jn.1:14; Ep.3:9; Hé.1:1; 1Jn.3:8b; Ap.12:12
Texte pour la classe: Jn.1:6-14
Texte d'or: Et la parole a été faite chair, elle a habité parmi nous, pleine de grâce et de vérité. **Jn.1: 14**
Méthodes: discours, comparaisons, questions
But: Présenter Jésus-Christ comme la révélation parfaite de Dieu.

Introduction:
Dans l'Ancien Testament, on nous parle de l'Eternel Dieu. Ce nom n'est plus employé dans le Nouveau Testament. Nous voyons plutôt "*La Parole faite chair*". Et plus tard, dans la dispensation de l'Eglise, le Saint-Esprit sera à l'œuvre. Pourquoi?

I. Stratégie de Dieu dans l'Ancien Testament:
   1. Adam était *la copie originale* de Dieu que Satan avait dégradée. L'image de Dieu en l'homme était avilie.
   2. Dieu envoya des prophètes, des juges, et utilisait des objets ou des institutions types de Christ pour parler aux hommes. Maintenant, puisque nous sommes dans les derniers temps, il nous parle directement par Jésus-Christ. Hé.1:1

II. Stratégie de Dieu dans le Nouveau Testament
   1. Il s'habille de notre humanité pour vivre nos propres expériences. Cependant, il demeure parfaitement Dieu dans son essence et parfaitement homme tandis qu'il vit au milieu de nous. Col.2:9
   2. Il vient pour nous révéler un grand secret, le mystère de Dieu: l'Evangile:

Explication: Dans L'Ancien Testament, Satan exerçait son empire surtout dans les dirigeants pour porter le peuple à pécher.

En ce temps-là, Dieu s'adressait au peuple d'Israël par des prophètes et par des juges.

Dans le Nouveau Testament, Dieu change le plan de bataille. On n'entendra plus citer le nom de l'Eternel et des prophètes dans leurs opérations, mais on verra plutôt Jésus à l'œuvre pour mettre fin aux activités du diable. Mat.8:29; 1Jn.3:8b

Actuellement, au lieu d'avoir affaire à un prophète, Satan aura plutôt affaire à un ***Christ présent dans l'Eglise invisible et dans chaque chrétien.*** C'est ce que Paul appelle le mystère caché de toute éternité en Dieu, l'Evangile révélé dans les derniers temps. Satan arrive à découvrir, **mais trop tard,** que c'est une puissance de Dieu pour sauver les pécheurs. Voilà pourquoi il descend parmi nous animé d'une grande colère et ses dégâts sont considérables. Ep.3:9-10;1Jn.3:8b; Ap.12:12

Questions

1. Cochez la vraie réponse: La copie originale de Dieu s'appelait ___ Hitler ___ Roldan ___ Adam
2. Cochez la vraie réponse: Pour combattre le plan de Dieu
   a. Satan monte une usine à Sodome.
   b. Il planta un jardin de pommes.
   c. Il a séduit Adam et Eve.
3. Trouvez les réponses convenables:

a. Jésus est venu pour détruire les œuvres du diable et restaurer l'homme.
b. Jésus est venu négocier la paix avec Satan
c. Jésus est venu chercher et sauver ce qui était perdu.
d. Il est venu réparer la faute d'Adam et nous sauver.
4. Trouvez la différence entre Jésus et Christ
   a. Jésus est son nom d'homme qui signifie sauveur.
   b. Le Christ c'est son nom divin, l'Oint de Dieu ou Messie.
   c. On peut l'appeler aussi Jésus-Christ.
   d. Les deux noms ont le même pouvoir.
   e. Il n'y a aucune différence entre les deux
5. Trouvez les vraies réponses
   a. L'évangile c'est le mystère caché de Dieu.
   b. L'Évangile c'est une puissance de Dieu pour le salut de quiconque croit.
   c. L'Evangile est la parole de saint Augustin.
6. Trouvez la vraie réponse: Satan se met en colère
   a. Parce qu'il arrive à connaitre trop tard le pouvoir de l'évangile.
   b. Parce qu'il lui reste encore peu de temps.
   c. Parce trop de gens sont sauvés.
   d. Tous les trois

Leçon 5
La Trinité

Versets de base: Job.36:26; Ps.19:1; 33:6-15; Mt.11;25-27; Ro.3:4; 1Co.13:9

Texte pour la classe: Ps.33:6-15

Texte d'or: Les cieux ont été faits par la Parole de l'Eternel et toute leur armée par le souffle de sa bouche. **Ps.33:6**

Méthodes: discours, comparaisons, questions

But: Présenter la trinité comme un mystère.

Introduction:

La Trinité est un mystère: Si vous cherchez à le comprendre, *vous perdrez votre tête*; mais si vous ne voulez pas l'accepter, *vous perdrez votre âme*.

I. Des raisons pour l'admettre:

L'homme peut comprendre et admettre que l'eau se présente dans la nature sous trois états différents: liquide, solide et gazeux, mais avec un seul nom de base: ***eau***. Prenons par exemple:

Un docteur au volant de sa voiture, appelons-le Dr. Charlevoix
Un agent de police lui donne un ticket pour violation à la circulation:

1. Au volant de la voiture il est *le chauffeur*
2. Au chevet du malade il est *le médecin*.
3. Chez lui, il est *le maitre de la maison*. Les trois sont un et même Charlevoix. Ainsi Dieu prend le nom de Père comme créateur. Il prend le nom de Christ comme notre sauveur et du Saint-Esprit comme notre avocat.

II. L'homme ne peut pas comprendre toutes choses même naturelles:

1. Le phénomène de la gravitation universelle,

2. Le phénomène des ondes magnétiques et leur parcours dans l'espace,
3. L'électricité qu'on ne voit pas mais qui est manifeste,
4. La formation de l'enfant dans le sein maternel,
5. Le mystère de la naissance,
6. Le changement du caméléon (anganman) aux couleurs en présence.
7. La pollinisation des fleurs,
8. La transformation des aliments en sang, os, poils, ongles, graisse, énergie.
9. Il avoue bien qu'il ne peut démontrer ces principes mais il est obligé de les admettre, autrement il ne pourra pas dans la suite, appuyer certains raisonnements. Dans les sciences mathématiques ces principes sont appelés: *des postulats*.

III. L'homme ne peut comprendre de Dieu que ce que Dieu lui révèle:

Jésus a confondu l'avocat Nicodème à partir des choses terrestres dont il ne pouvait saisir le sens, malgré son grand savoir. Pourquoi? Parce que les choses cachées sont à Dieu, les choses révélées sont à nous, ses enfants. *Nul donc ne peut sonder les profondeurs de Dieu*. Mat.11: 25-27.

IV. Des déclarations sur les profondeurs de Dieu:
1. **De David**: «les cieux racontent la gloire de Dieu et l'étendue manifeste l'œuvre de ses mains» Ps.19:1
2. **De Job**: «Dieu est grand mais sa grandeur nous échappe et le nombre de ses années est impénétrable» Job.36:26
3. **De Paul**: «Nous connaissons en partie et nous prophétisons en partie» 1Co.13:9

Conclusion: Que le Dieu trinitaire soit reconnu pour mystère et pour vrai et tout homme pour menteur. Ro. 3:4

Questions

1. Trouver la vraie réponse. la Trinité c'est
   a. Le mystère d'un seul Dieu en 3 personnes.
   b. Cette notion n'est pas vraie.
   c. C'est un comité de trois dieux pour diriger le monde.
2. Citez 4 choses que l'homme admet sans les comprendre: ___ La carte géographique ___ L'électricité ___ le mystère de la naissance ___ la pollinisation ___ la découverte du Nouveau Monde ___ la gravitation universelle
3. Cochez la vraie réponse:
   a. Un postulat est une vérité évidente par elle-même.
   b. C'est une vérité qu'on ne peut démontrer mais qu'il faut admettre.
   c. C'est un mystère
4. Cochez la vraie réponse:
   a. L'homme peut tout comprendre de Dieu.
   b. L'homme peut comprendre de Dieu seulement ce que Dieu lui révèle.
   c. L'homme est dieu, il n'a pas besoin de Dieu. L'homme peut tout savoir sans Dieu.
5. Expliquez la théorie de Dr Charlevoix dans la leçon.

Leçon 6
La Trinité (Suite)

Versets de base: Ge.1:1; 2:7-15; 3:22; Ps.33:6-15 Mt.3:16-17; 28:19; Jn.1:17; 5:21; 6:44; Jn.10:17-18; 16:13; Ac.2:24; Ro.8:11; 1Co.3:16-17; 6:11; 12:4-6; Ep.4:4-6; 1Pi.1:2; Ap.1:4-6
Texte pour la classe: Mt.3:13-17
Texte d'or: Dès que Jésus eut été baptisé, il sortit de l'eau. Et voici, les cieux s'ouvrirent, et il vit l'Esprit de Dieu descendre comme une colombe et venir sur lui. **Mat.3:16**
Méthodes: discours, comparaisons, questions
But: Montrer les rapports entre les trois personnes de la Trinité.

Introduction
Je suis l'Eternel; c'est là mon nom .Es.42:8 Si vous voulez en savoir davantage, écoutez-le.

I. Présentation distincte du Dieu Trinitaire
1. A la création, *Dieu est appelé: Père.* Le terme est pris ici pour l'auteur de tout homme et de toutes choses. Ge.1:1; Ge.2:1; De.32:6
    a. Il peupla l'espace, les eaux et la terre de ressources alimentaires pour la subsistance des êtres vivants.
    b. Il a le contrôle de tout et de tous. Voilà pourquoi il est appelé père. Job.12:10
2. **Dans le Nouveau Testament,** *il prend le nom de Jésus-Christ* ou Dieu Sauveur. Jn.1:17
    Le terme *Eternel, mis pour Dieu*, n'y est plus mentionné. Pourquoi? Parce que Jésus incarne le Père. Jn.10:30; 14:9-11, 20:7 Dans la dispensation de l'Eglise, il se nomme **le Saint-Esprit.**1Co.6:11.
    Quel est son rôle ?

a. Nous conduire dans toute la vérité (Jésus-Christ Jn.14:6)
   b. Interpréter nos prières et plaider en notre faveur. Ro.8:26
   c. Prouver au monde qu'il s'égare au sujet du péché, le convaincre de la justice et du jugement de Dieu. Jn.16:8
4. **Au baptême de Jean**. Les trois personnes y étaient distinctes. Mt.3:16
5. **A la grande commission**, les trois étaient citées. Mt.28:19

II. Présentation conjointe d'un Dieu trinitaire: Ge.11:7 Elohim. Un Dieu au pluriel. Un pluriel de puissance et non de quantité. Comparez ces versets qui montrent leur unité d'opération

1. Au commencement *Dieu créa*... Ge.1:1
2. Tout a été *créé par Christ* et pour Christ Jn.1:3; Col.1:16
3. Les cieux ont été faits *par la Parole* de l'Eternel. Ps.33:6
4. Et toute leur armée par *le souffle de sa bouche* (Saint-Esprit) Ps.33:6
5. Ainsi le Père créa, Jésus créa, le Saint-Esprit créa. Donc Dieu créa!
6. Voici l'homme est devenu comme l'un de **nous** descendons et confondons…C*'est le Dieu trinitaire se parlant à lui-même*. Ge.3:22; Ge.11:6-7

III. Présentation conjointe à la conversion du pécheur:

1. La nouvelle naissance est possible par la régénération du Saint-Esprit, l'amour du Père et le don du Fils sur la croix. Jn.3:5-6; 14-16
2. Jésus ou Emmanuel: c'est Dieu avec nous en esprit Mt.1:21; 28:20. 1Co.3:16-17

Remarque:
1. La résurrection de Jésus-Christ est attribuée au Père, à Jésus lui-même et à l'Esprit. Ro.8:11

2. Il en est de même de notre propre résurrection. Jn.5:21; 6:40; Ro.8:11.
3. Voyons certains passages trinitaires 1Co.12:4-6; Ep 4:4-6; 1Pi.1:2; Ap.1:4-6

Conclusion:
Obéissez sans comprendre à ce Dieu impénétrable, mais qui a fait ses preuves.

Questions
1. Trouvez la vraie réponse: Dieu est appelé Père
    b. Parce qu'il célèbre la Messe à la cathédrale.
    c. Parce qu'il a donné naissance à tout et à tous.
    d. Parce qu'il a beaucoup d'enfants.
2. Vrai ou faux:
    a. Dans le Nouveau Testament, il prend le nom de Christ __ V __ F
    b. Dans la dispensation de l'église il prend le nom de Saint-Esprit __ V __ F
    c. Dans l'œuvre de la création il s'appelle L'Eternel Dieu. __ V __ F
3. Le nom *Eternel* n'est-il pas dans le Nouveau Testament parce qu'il est incarné en Jésus-Christ __ V __ F
4. Elohim c'est Dieu dans un pluriel de puissance et non de quantité __ V __ F
5. Dieu eut à se présenter en trois personnes à la Maison Blanche __ V __ F
6. Dieu se présenta en trois personnes distinctes au baptême de Jésus-Christ __ V __ F
7. Les trois personnes contribuent à la conversion du pécheur. __ V __ F.
8. Les 3 personnes contribuent à la résurrection de Jésus-Christ __ V. __ F

Leçon 7
Dieu, Père de la création

Versets de base: Ge.1:20-26; 2:4; Job.12:13; Chap.38-40; Ps.115:15-16; Es.6:2; 57:15; Ez.10:21; Mt.24:29-30; 25:32-33; Ap.20:10
Texte pour la classe: Job.38:1-7
Texte d'or: Soyez bénis par l'Eternel qui a fait les cieux et la terre. **Ps.115:15**
Méthodes: discours, comparaisons, questions
But: Présenter Dieu comme le Père de toutes les origines.

Introduction
Tout a commencé par celui qui n'a pas de commencement. C'est un postulat. Dites-moi d'abord si vous l'acceptez. Autrement, je ne puis continuer. Admettez-vous qu'il est à l'origine de tout sans avoir lui-même une origine?
Dieu prend le nom de Père:
I. Pour qu'il soit reconnu comme l'auteur de toutes vies et de toutes choses.
  1. Il a créé les êtres incorporels ou esprits. Hé.1:14
  2. Les anges et leurs chefs immédiats, les archanges avec chacun deux ailes.
  3. Les chérubins avec chacun 4 ailes. Ez.10:21
  4. Les séraphins, le plus grand ordre des anges avec chacun six ailes. Es.6:2
  5. Il a crée les êtres corporels, les hommes. Ge.1:26
  6. Il a créé les êtres vivants comestibles et non comestibles Ge.1:20-21
  7. Il créa les mondes, les univers. Ge.2:4; Job.38:31-33
  8. Il maintient, contrôle et renouvelle toutes choses. Job.12:10

II. Pour qu'il soit reconnu comme l'auteur de la fin de toutes vies et de toutes choses.

1. La destruction du globe. 2Pi.3:10
   (Les bombes mégatonnes[1], les missiles balistiques ne pourront le faire)
2. Le jugement des méchants. Mt.25:32-33
   (*Les méchants acquittés hier devant un tribunal humain, sont condamnés aujourd'hui à la cour suprême du Dieu impartial.*
3. La fin du monde. Mt.24:29-30 (*Entendez ici la fin de la planète terre. Mais Dieu va «dédouaner» de nouveaux cieux et une nouvelle terre où la justice habitera*). 2Pi.3:13; Ap.21:1
4. Le jugement du diable. Ap.20:10 (*Notre accusateur est jugé et condamné:*)

III. Pour qu'il soit reconnu comme unique.

1. *Pour sa grandeur*. il porte dans sa main les billions d'étoiles et toutes les planètes sans jamais se fatiguer. Il écoute les prières de tous. Il est au courant de tout. Il voit tout. Job.12:10
2. *Pour sa hauteur*: il domine toutes choses. Rien n'est caché à ses yeux. Es.57:15; Hé.4:13
3. *Pour sa miséricorde:* lui seul a une réponse pour le salut du criminel, du voleur, de l'adultère, de l'enfant née d'un hougan et élevé chez lui quand cet enfant n'avait pu choisir son origine. Jn.8:11

---

[1] Bombe mégatonne. Projectile creux chargé de matière explosive ou incendiaire.

Conclusion:
Inventez ce que vous pouvez, mais c'est l'Eternel qui est Dieu.

Questions

1. Cochez la vraie réponse. Les êtres incorporels sont créés ___ par Dieu ___ par Satan ___ par eux-mêmes ___ par l'imagination des hommes.
2. Vrai ou faux
    a. Les archanges sont les chefs des anges ___ V ___ F
    b. Les chérubins ont 4 ailes ___ V ___ F
    c. Les séraphins ont 6 ailes ___ V ___ F
    d. La destruction du globe, le jugement des méchants, la fin du monde dépendent des hommes ___ V ___ F
    e. Trois choses rendent Dieu unique.
       Sa hauteur, sa grandeur, sa miséricorde ___ V ___ F

Leçon 8
Le Dieu de la création: Père, Eternel Dieu

Versets de base: Ge.1:29; 9:3; Ex.16:4; Lev.11:7; Job.37:7; 38:31-33; Ps.90:10; Ps.104:9;.115:5; Ez.47:12; 1Cor.10:25; 1Ti.4:8; Ja.1:16-18

Texte pour la classe: Ja.1:16-18

Texte d'or: Toute grâce excellente et tout don parfait descendent d'en-haut, du Père des lumières chez lequel il n'y a ni changement ni ombre de variation. **Ja.1:17**

Méthodes: discours, comparaisons, questions

But: Présenter l'Eternel sous l'aspect d'un Dieu créateur

Introduction
Le premier vocable sous lequel Dieu s'est fait connaitre est celui de l'Eternel Dieu.

I. Son œuvre dans la création.
1. Il créa les cieux et la terre Ps.115:15
    a. Les planètes de notre système solaire (Soleil, Vénus, Saturne, Neptune Jupiter, Mars, Terre, et leurs satellites).
    b. Les constellations en dehors de notre système. La voie lactée (milky way) avec ses billions d'étoiles.
    c. Il emmagasine dans des lieux élevés de la nourriture pour entretenir des millions de gens pendant des années. La manne et les cinq pains étaient multipliés à partir de ses réserves. Ex.16:4

II. Il soutient l'univers et maintient toutes choses en équilibre Job.38:31-33
1. Les planètes de notre système solaire doivent s'aligner devant lui à chaque cycle de 20 ans. Retenez que leur

prochain alignement est pour le mois de mai 2020 selon les savants.
2. Il contrôle toutes choses: la mer a des limites qu'elle ne peut franchir et l'eau douce de toutes les rivières ne l'empêchera pas d'être salée. Ps. 104:9
3. Les jours de l'homme sont limités à 70 ans. Au maximum 80. Ps.90:10
4. Il donna pour nourriture à Adam et Eve toute herbe portant semence sauf des fruits de l'arbre qui était au milieu du jardin. Ge.1:29
5. Après le déluge, il ajouta de la viande à sa diète car les récoltes étaient perdues. Ge.9:3
6. A cause de leur vie nomade dans un désert tropical, il lui interdisait de manger de la viande de porc. Lé.11:7
7. Finalement, quand l'homme était appelé à mener une vie sédentaire, il enleva cette restriction. 1Co.10:25; 1Ti.4:8

III. Il prévoit la conservation des espèces.
1. Il préside à la reproduction des êtres vivants pour la conservation de la vie.
2. Il multiplie des plantes comestibles et des arbres pour entretenir l'oxygène.
3. Il règle les temps et les moments de leur reproduction par saisons et par périodes.
    a. Voyons par exemple, la période de gestation de certains animaux:
    La chèvre prend 151 jours, l'ânesse 365 jours, la chienne 61 jours, la chatte 63 jours, la rate 22 jours, la vache 270 à 320 jours, selon les espèces et l'éléphante 645 jours,
    b. Les fruits pendant par branches ou par racines prennent généralement

Un an (le manguier, l'avocatier, le châtaignier (l'arbre véritable en Haïti), l'arbre à pain, l'oranger.
c. Les céréales produisent en abondance chaque trois mois environ.
d. Dieu conserve l'eau sous des rochers et de grands arbres.
e. Il prévoit des plantes destinées à la guérison des nations. Ez.47: 12
f. Il met un sceau de divine facture sur tout. Job.37:7
Ainsi le Dieu Providence prévoit tout pour le bien-être de l'homme.

Conclusion:

Quel père est plus soucieux que lui? Répondez-moi

Questions

1. Identifiez les œuvres de Dieu dans la création
   ___ Les planètes ___ les êtres vivants ___ le mal

2. Donnez deux preuves de son contrôle sur notre système.
   ___ Il aligne les planètes à chaque période de vingt ans ___ Il ne fait rien pour moi ___ Il donne une limite à la mer.

3. Trouvez la raison pour laquelle Dieu permit à l'homme de manger de la viande après le déluge.
   a. Parce que les marchés étaient fermés.
   b. Parce que les récoltes étaient perdues.
   c. Parce que l'homme ne veut plus manger de céréales.

4. Trouvez la raison pour laquelle Dieu enlevait le porc dans la diète des enfants d'Israël.
   a. Parce qu'ils ne savaient pas comment préparer les griots.
   b. Parce le porc aime vautrer dans la boue.
   c. Parce qu'il n'était pas recommandé sous un climat tropical qui pourrait développer la tension artérielle.

5. Vrai ou faux: La période de gestation prévue
   a. Pour la vache 65 jours ___ V ___ F
   b. Pour la rate 22 jours ___ V ___ F
   c. Pour la chienne 61 jours ___ V ___ F

6. Trouvez l'endroit où Dieu appose sa signature sur l'homme
   ___ Sur son dos ___ Sur sa main ___ sur ses pieds

Leçon 9
Le Dieu de la rédemption

Versets de base: Ge.3:21; 7:16; 22:2; Ex.12:5-8; 16:16; P.33:12-13; Es.53:4; Jn.1:14; 12:32; Ac.1:9; 4:12; Ro.1:4; 5:1; 2Co.5:17-21
Texte pour la classe: 2Co.5:17-21
Texte d'or: Celui qui n'a point connu le péché, Dieu l'a fait devenir péché pour nous, afin que nous devenions en lui justice de Dieu. **2Co.5:21**
Méthodes: discours, comparaisons, questions
But: Présenter Dieu en tenue spéciale pour venir sauver l'homme perdu.

Introduction:
Voici Dieu descendu vers nous dans une chair semblable à la nôtre. En sa qualité de rédempteur, il prend le nom de fils. Ce Fils incarne le Père dans toutes ses opérations. Qui peut sonder les profondeurs de Dieu? Jn.10:30; 14:9-11; Ro.1:4

I. La parole s'est faite chair.
1. Pour la rédemption d'Adam, le sang d'une bête suffisait. Mais pour sauver le monde entier, il a fallu une couverture plus grande que Jésus seul pouvait offrir. Ge.3:21
2. *Dieu ne pouvait envoyer moins que lui-même pour délivrer l'homme du malin.*
3. Jésus devait s'exposer pour sauver l'homme et faire provision pour attirer ensuite tous les hommes à lui pour que la scène du jardin d'Eden ne se répète plus! Jn.12:32
4. Il a donc subi dans sa chair toutes les souffrances humaines afin de porter en lui les divers échantillons des problèmes que l'homme peut lui adresser. Es.53:4; Ac.1:9
5. Il est monté au ciel avec son corps comme un tableau de bord dont chaque lumière témoin représente chacun de nous. Il nous suffit de l'appeler à n'importe quelle heure pour qu'il

nous identifie par notre nom, notre adresse et nous exauce suivant la nature de notre problème. Ps.33:12-13; Jn.12:32

II. Sa méthode de délivrance.

Il est venu dans une chair semblable à la nôtre. Il s'est fait péché pour nous. Retenez bien: il s'est fait ***péché*** et non p***écheur***. C'est à dire qu'il se met à notre niveau, il s'identifie à nous mais il n'a jamais commis de péché. L'avocat-défendeur plaide votre cause au tribunal mais n'a jamais commis la faute dont vous êtes coupable. Ainsi donc Jésus épouse notre condition de ***perdu*** mais il n'a jamais ***péché.*** Son statut d'homme était provisoire. Ses qualités divines n'étaient jamais hypothéquées. Col.2:9

III. Les étapes vers cette délivrance. (*cf. Les types de Christ dans l'Ancien Testament*)

1. Le rachat d'Adam et d'Eve comme une préparation de l'esprit humain à l'œuvre globale de la rédemption. Ge.3:21
2. L'arche de Noé comme un type de Christ qui sauve les croyants de la mort. Ge.7:1
3. Le sacrifice d'Isaac par Abraham comme un type de l'agneau immolé pour nos péchés. Ge.22:2
4. Les sacrifices sanglants dans l'Ancien Testament, la manne, l'agneau pascal étaient des types de Christ pour symboliser la méthode du salut des pécheurs. Ex.12:5-8; 16:16;
5. Et maintenant Christ entre en scène comme libérateur: *La Parole s'est faite chair.* Christ s'est livré tout entier sur la croix du calvaire pour le salut des pécheurs: le péché est puni, la justice de Dieu est satisfaite. Le pécheur est délivré. Ro.5:1

Conclusion: Sachez-le: il n'y a de salut en aucun autre. Jésus est le train de la dernière chance. Montez vite à son bord! Ac.4:12

Questions

1. Cochez le vrai nom de Dieu quand il vient vers l'homme.
   ___ Dieulifète ___ Jésus ___ Dieudonné
2. Donnez le nom de Jésus avant son Incarnation ___ Joséfils ___ Père ___ Limage
3. Dites ce que Dieu fit pour sauver Adam
   a. Il paya une caution au tribunal
   b. Il sacrifia un animal
   c. Il va voir l'Avocat général
4. Que fit-il pour sauver l'humanité?
   a. Il le fit passer dans un autre pays
   b. Il sacrifia son fils.
   c. Il donna un autre à sa place
5. Dites pourquoi Jésus monta au ciel avec son corps
   a. Parce qu'il n'avait pas d'autre moyen
   b. Parce qu'Elie était monté avec son corps
   c. Pour nous attirer tous à lui
6. Trouvez la vraie réponse
   Les étapes vers le salut étaient ainsi conçues
   a. Un avaloir mensuel à verser par famille.
   b. La présentation de Christ par des types.
   c. Un mois de corvée annuelle le coupable.
7. Indiquez le résultat de l'œuvre de Jésus-Christ.
   a. Satan n'est plus à l'œuvre sur la terre.
   b. Le péché est puni, le pécheur est sauvé, la justice de Dieu est satisfaite.
   c. Toutes les religions peuvent nous sauver.

Leçon 10
Le Dieu de la glorification

Versets de base: Ex.24:17; 33:18-22; 40:34-37; Ps.24:9-10; 29:9; Mt.16:17; 17:2; 25:31; Lu.2:9; 24:26; Jn.1:9, 14; 2:11; 17:5; Act.7:55; Ro.6:4; Col.3:3-4; 2Th.2:8; 2Pi.1:17; Ap.21:23

Texte pour la classe: Jn.17:1-5

Texte d'or: Et maintenant toi, Père, glorifie-moi auprès de toi-même de la gloire que j'avais auprès de toi avant que le monde fût. **Jn.17:5**

Méthodes: discours, comparaisons, questions

But: Montrer que comme le Père, Jésus vit dans la gloire.

Introduction
Il ne faut pas sous-estimer les valeurs divines de Jésus-Christ parce qu'il vivait dans une chair semblable à la nôtre pendant 33 ans. Jamais! La bible dit bien qu'il vivait dans la gloire. Jn.1:14

I. Definition de la gloire:
1. C'est le rayonnement qui dégage de sa personne, l'éclat insoutenable de toutes ses perfections. Elle éblouit[2] aveugle, inspire la crainte, le respect et l'adoration.
2. C'est un feu dévorant; l'homme ne peut le voir et vivre Ex.24:17; 33:18, 20, 22
3. Elle s'appelle la Schekina (*nuée de la gloire*) pour apparaitre à Israël et Moise.
4. C'était une nuée pendant le jour et un feu pendant la nuit. Ex.40:34-37
    a. Les bergers de Bethléem l'ont vue. Lu.2:9
    b. Etienne l'a vue aussi au moment de son martyr. Ac.7:55

II. La gloire de Jésus-Christ:

---

[2] Eblouir. V. t Troubler la vue par un éclat trop vif

1. Jésus vivait dans la gloire avant la fondation du monde. Jn.17:5
2. Il est le roi de gloire. Ps.24:9,10; 29:9
3. Jean le désigne comme la lumière. Jn.1:9; 8:12
4. Il rend la gloire de Dieu accessible aux hommes parce qu'il s'est fait chair. V.14

III. Il a manifesté sa gloire:
1. par ses miracles: cf. Les noces de Cana en Galilée. Jn.2:11
2. lors de la transfiguration. Mt.17:2; 2Pi.1:17
3. lors de sa résurrection. Ro.6:4
4. lors de son ascension. Lu.24:26
5. il anéantira les impies par l'éclat de son avènement. 2Th.2:8
6. bientôt, il reviendra dans sa gloire pour juger et régner. Mt.16:17; 25:31
7. et nous aussi, nous paraîtrons avec lui dans la gloire. Et pour toujours nous serons illuminés[3] par cette gloire. Col.3:3-4; Ap.21:23

Conclusion.
Ouvrez vos cœurs et laissez entrer le roi de gloire!

Questions
1. Trouvez les vraies significations de la gloire de Dieu"
   __ Schekina __ feu __ vanité __ éclat __ rayonnement

2. Trouvez la vraie réponse
   Dieu se manifeste à Moise et à Israël par __ La sœur Anna __ Schekina __ Aaron

---

[3] Illuminer. V. t Eclairer d'une lumière vive.

3. Trouvez la vraie réponse:
   Avant la fondation du monde Jésus vivait __ au palais national __ dans la gloire __ en France

4. Trouvez la vraie réponse:
   Jean appelle Jésus __ Petit frère __ fils de Marie __ la lumière

5. Citez trois périodes où cette gloire fut manifestée.
   __ aux noces de Cana __ sur la montagne de transfiguration __ au Congrès à Washington __ à la résurrection de Christ

6. Trouvez la vraie réponse:
   Jésus va anéantir les impies __ des missiles balistiques __ par l'éclat de son avènement

7. Vrai ou faux
   Dans l'éternité nous serons
   a. Dans la gloire de Jésus-Christ.__ V __F
   b. Pour toujours dans la présence de Dieu __ V _ F
   c. Des visiteurs.__ V __ F

Leçon 11
Le Dieu de la multiplication

Versets de base: Ge.1:1; Job.37:7; Es.6:2; Ez.10:19-21; Mt.10:30; Jn.6:7-14; 16:24
Texte pour la classe: Jn.6:5-14
Texte d'or: Le voleur ne vient que pour dérober et détruire; moi, je suis venu afin que les brebis aient la vie et qu'elles l'aient en abondance. **Jn.10:10**
Méthodes: discours, comparaisons, questions
But: Montrer l'étendue de la richesse de Dieu jusqu' à la portée [4] de notre imagination.

Introduction
Savez-vous que Dieu est unique? Hors de moi dit-il, il n'y a point d'autre. Il a créé toutes choses, et l'homme n'est pas capable de les énumérer sans erreurs d'omission.

I. Sa création:
1. Vous vous rappelez dans la septième leçon comment il créa des myriades d'êtres incorporels (les anges, les archanges, les chérubins, les séraphins) et les êtres corporels qui se comptent par billions sur la surface de la terre?
2. Il créa aussi les univers avec les billions d'étoiles et des planètes qui toutes ne sont pas encore connues de l'homme.
3. Jusqu'ici, l'homme ne peut compter les cheveux de sa tête; Dieu seul en connait le nombre. Mt.10:30

---

[4] Portée. (fig) Distance la plus grande que peut atteindre notre imagination.

II. Sa providence
1. Il multiplie la manne pendant quarante années dans le désert pour nourrir Israël. Ex.16:35
2. Il multiplie le pain pendant plusieurs séances pour nourrir des foules. Jn.6:14
3. Il multiplia les ressources du sol pour la survie de tous les êtres vivants.
    a. Un grain planté peut en reproduire indéfiniment. L'air, la pluie, les saisons ne manquent jamais à l'homme.
    b. Chaque matin entre 10:00 heures et 10:45 heures, Dieu jette dans l'air une grande quantité de vitamine D pour fortifier les os de tous les êtres vivants. Ge.1:11
    c. Il lui suffit de faire souffler un vent pour féconder [5] toutes les plantes appelées à porter des fleurs et des fruits.
    d. Les richesses du sous-sol (les métaux, les combustibles fossiles sont emmagasinés depuis des billions d'années.) Il n'y a pas encore deux cents ans depuis que l'homme sait comment utiliser le carburant pour actionner ses moteurs (voitures, locomotives, avions...) En somme, il prévoit toutes les ressources nécessaires pour l'homme et les animaux avant de les faire venir. Ge.1:22-27

III. Son droit d'auteur:
1. Il met son empreinte digitale sur la main de tout homme, son copyright, pour signifier son droit d'auteur. Job.37:7
2. L'œil de chaque homme contient 256 combinaisons différentes. Il y a donc lieu de croire que chaque homme a la possibilité de voir une chose 256 fois différentes de celles

---

[5] Féconder. V.t rendre fertile

d'un autre. Autant dire que chaque homme devrait avoir 256 raisons pour respecter l'opinion de son frère.
3. Les plantes d'une même espèce portent les mêmes nervures et leurs fleurs épousent respectivement la même forme et dégagent le même parfum.
4. Jésus savait si bien que ses ressources étaient inépuisables qu'il disait un jour aux disciples: «jusqu'à présent, vous n'avez rien demandé.» *Qui connait donc les profondeurs de Dieu?* Jn.16:24

Conclusion: Ce Dieu qui multiplie la vie, la paix, l'amour, la joie en abondance veut vous donner la vie éternelle. Vous n'avez qu'une chose à faire: Appliquez votre foi à la croix du calvaire.

Questions

1. Trouvez la vraie réponse: Dans le ciel Dieu multiplie:
   __ les différents ordres des anges __ des champignons
2. Trouvez les vraies réponses:
   Les anges s'appellent __ êtres incorporels __ esprits. ___ ___ démons
3. Citez les choses que Dieu multiplie.
   __L'eau__ l'air__ les dieux __ les fruits __ la pluie
4. Dites comment Dieu confirme son droit d'auteur.
   a. Il va chez un éditeur
   b. Il fait une proclamation à la radio
   c. Il met sa signature sur notre main

Leçon 12
Le Dieu de l'inspiration

Versets de base: Ge.1:2; Ex.28:19; 31:3; Jg.6:34; Ps.33:6b; 139:7; Ez.36:26; Za.; Mt.3:17; Lu.4:18; Jn.4:24; 14:10-26; Ac.5: 3,9; 7:5; 1Ro.8:2, 27; 1Co.12:11; Ep.4:30; He.9:14; 10:29;
Texte pour la classe: Jn.16:7-15
Texte d'or: Et quand il sera venu, il convaincra le monde en ce qui concerne le péché, la justice et le jugement. **Jn.16:8**
Méthodes: discours, comparaisons, questions
But: Présenter le Saint-Esprit comme une personne divine

Introduction:
On sait voir un père, on sait voir un fils. Ils sont des personnes. Mais qui sait voir le Saint-Esprit? Et qui peut le prendre pour une personne?

I. Identité du St Esprit:
1. C'est le génie de Dieu. Dans la création, il mouvait au-dessus des eaux. C'est Dieu en sa qualité de contrôleur et de créateur. Ge.1:2; Ps.33:6b; 14
2. C'est l'Esprit de l'Eternel. Le mot *nous* en hébreu (prononcez *nousse*) se traduit par souffle et esprit. C'est le souffle de Dieu qui rend l'homme immortel. Car une partie de Dieu ne peut pas mourir. C'était l'une des raisons qui le portait à le sauver pour récupérer «**lui-même**» dans l'homme. Ge.6:3
3. C'est l'esprit de vérité, de vie, de force, de sagesse. Jn.14:17; Ro.8:2; 2Ti.1:7; He.10:29

II. Le Saint-Esprit, une personne distincte par rapport au Père et au Fils
1. **Dans le baptême de Jésus,** il apparait comme une colombe. Mt.3:17

2. **Dans La Grande Commission** il est cité au rang du Père et du Fils comme une personne. Mt.28:19
3. **Dans la dispensation de l'église il est identifié comme tel.** C'est parce qu'il est une personne qu'il peut **représenter une personne.** Allons donc! Jn.14:16-17

III. Le Saint-Esprit une personne distincte par rapport à lui-même.
1. Il parle et intercède en faveur d'autrui. Ro.8:27
2. Il distribue des dons. 1Co.12:11
3. Lui mentir c'est mentir à Dieu, et s'attirer un châtiment. Ac.5:3,9
4. On peut lui faire opposition. Ac.7:51
5. On peut lui résister, l'attrister, l'outrager. Ep.4:30; Hé.10:29
6. Il enseigne, témoigne, convainc, conduit, entend, annonce. Jn.14:26; 15:26; 16:8, 13

IV. Le Saint-Esprit est Dieu:
1. Dieu est Esprit. L'Esprit est Dieu; c'est sa nature. Jn.4:24
2. Il est omniscient. Il sonde tout. 1Co.2:10,11
3. Il est omnipotent. Za.4;6; Hé.9:14
4. Il est omniprésent. Ps.139:7
5. Le péché contre le Saint-Esprit n'a pas de pardon. Mt.12:31-32

V. Son œuvre:
1. Il met la vie dans l'homme et dans les bêtes. Ge.2:7; 6:3; Job.33:4; Ps.106:29-30
2. Il qualifie des hommes pour des taches spéciales. Ex.31:3; Jg.6:34
3. Il change les cœurs durs et méchants. Ez.36:26
4. Lui seul peut convaincre l'homme de la nécessité de se repentir. Jn.16:8-11

5. Toutes les opérations durant le ministère de Christ étaient menées par le Saint-Esprit. Comparez: Jn.14:10 et Lu.4:18

Conclusion: Pécheurs, cessez de discuter et acceptez d'être convaincus par le Saint-Esprit.

Questions

1. Identifiez le Saint-Esprit
   __ Esprit de l'Eternel __ Le génie de Dieu __ Un démon

2. Dites quand il était distinct du Père et du Fils
   a. Quand il mouvait sur la surface des eaux
   b. Au baptême de Jésus-Christ
   c. Dans la grande commission
   d. Dans les trois cas

3. Prouvez qu'il est une personne distincte par lui même
   __ Il parle __ il dort __ Il mange __ Il punit __ Il enseigne.

4. Dites quelle est la nature du Saint-Esprit
   ___ Il est une influence ___ Il est Dieu ___ Il est une ombre.
5. Citez les qualificatifs divins du Saint-Esprit:
   ___ Gentil ___ omniscient ___ omniprésent ___ omnipotent

Récapitulation des versets pour le trimestre
Les profondeurs de Dieu
Tome 6 Série 1

Leçon 1 Le pouvoir absolu de son nom

Vous êtes mes témoins, dit l'Eternel, vous et mon serviteur que j'ai choisi, afin que vous le sachiez, que vous me croyiez et compreniez que c'est moi; Avant moi il n'a point été formé de Dieu et après moi il n'y en aura point. **Esa.43:10**

Leçon 2 Dieu dans ses relations avec les hommes

Dieu dit à Moise: «Je suis celui qui suis» Et il ajouta: C'est ainsi que tu répondras aux enfants d'Israël: celui qui s'appelle «Je suis» m'a envoyé vers vous. **Ex.3:14**

Leçon 3 Le Dieu de la révélation progressive

L'ange de l'Eternel lui apparut dans une flamme de feu, au milieu d'un buisson. Moise regarda, et voici, le buisson était tout en feu et le buisson ne se consumait point. **Ex.3:2**

Leçon 4 Le Dieu de la révélation parfaite
Et la parole a été faite chair, elle a habité parmi nous, pleine de grâce et de vérité. **Jn.1:14**

Leçon 5 La Trinité
Les cieux ont été faits par la Parole de l'Eternel et toute leur armée par le souffle de sa bouche. **Ps.33:6**

Leçon 6 La Trinité (Suite)
Dès que Jésus eut été baptisé, il sortit de l'eau. Et voici, les cieux s'ouvrirent, et il vit l'Esprit de Dieu descendre comme une colombe et venir sur lui. **Mat.3:16**

Leçon 7 Dieu, le Père de la création
Soyez bénis par l'Eternel qui a fait les cieux et la terre. **Ps.115:15**

Leçon 8 Le Dieu de la création: Père, Eternel, Dieu
Toute grâce excellente et tout don parfait descendent d'en-haut, du Père des lumières chez lequel il n'y a ni changement ni ombre de variation **Ja.1:17**.

Leçon 9 Le Dieu de la rédemption
Celui qui n'a point connu le péché, Dieu l'a fait devenir péché pour nous, afin que nous devenions en lui justice de Dieu. **2Co.5:21**

Leçon 10 Le Dieu de la glorification
Et maintenant toi, Père, glorifie-moi auprès de toi-même de la gloire que j'avais auprès de toi avant que le monde fut. **Jn.17:5**

Leçon 11 Le Dieu de la multiplication
Le voleur ne vient que pour dérober et détruire; moi, je suis venu afin que les brebis aient la vie et qu'elles l'aient en abondance. **Jn.10:10.**

Leçon 12 Le Dieu de l'inspiration
Et quand il sera venu, il convaincra le monde en ce qui concerne le péché, la justice et le jugement. **Jn.16:8**

Série 2

Les profondeurs de Satan

Série II
Avant-propos
Les Profondeurs De Satan

Tout le monde attendait cette série avec beaucoup de passion, non parce que Satan serait le bienvenu dans notre vie, il ne le sera jamais d'ailleurs, mais parce que le contraste entre Dieu et Satan suscite toujours un intérêt particulier.

Nous savons tous qu'il n'aime pas qu'on parle de lui car il connait les manières de se rendre populaire. Tandis qu'il est question de lui, essayons de nous trouver à une position telle que nous ne soyons pas comptés au nombre de ses victimes.

«*Quelques uns n'ont pas connu les profondeurs de Satan*». Est-ce un reproche ou une mise en garde? Un personnage que l'homme peut à peine définir, comment peut-il en connaitre les profondeurs?

À plusieurs reprises, la Bible l'introduit sur la scène pour l'opposer aux enfants de Dieu. Son action va durer à travers les siècles jusqu'au jour où il sera détruit par Jésus-Christ, le Lion de la tribu de Juda.

Dans l'attente de ce dénouement, restons sur nos gardes, de peur qu'entrainés par l'égarement des impies, nous ne venions à déchoir de notre fermeté. 2Pi.3:17

Leçon 1
L'origine de Satan

Versets de base: Es.6:2; Ez.10:20-21; 14:12; 28:1-19; Da.8:16; Mt.15:19; 25:41; Mc.7:21-22; 1Co.6:2; Ph.2:9-11; 1Th.4:16; Ap.12:7; 20:10

Texte pour la classe: Ez. 28:12-19

Texte d'or: Ez.28:15 Tu as été intègre dans tes voies, depuis le jour où tu fus créé, jusqu'à celui où l'iniquité a été trouvée chez toi.

Méthodes: histoire, comparaisons, questions

But: Parler de l'origine du mal et de Satan, le génie du mal

Introduction

Béni soit l'Eternel! Dieu a vaincu notre adversaire! Contre qui était-il en lutte? Contre un fils dénaturé, bien sûr: Lucifer, **devenu** Satan le diable. D'où vient-il?

I. **Il est compté parmi les êtres incorporels créés par Dieu lui-même. Ez.28:15 Et nous citons:**
   1. Les séraphins ou les brillants avec chacun six ailes. Es.6:2
   2. Les chérubins protecteurs avec chacun quatre ailes. Ez.10:20
   3. Les archanges ou chefs des anges. Da.8:16; Lu.1:19; 1Th.4:16; Ap.12:7
   4. Les anges, dernier ordre des esprits au service de Dieu. Hé.1:14

1. **La réalité de Lucifer**
    1. Sa personnalité avant la chute:
        a. Il mettait le sceau à la perfection, il était donc plus que parfait.
        b. Il était beau et sage. Ez.28:12
    2. Causes de sa chute:
        a. Il croyait en sa beauté, sa force, et son autorité Ez.28:17
        b. Il voulait se faire égal à Dieu Ez.28: 2
        c. Il se fit des disciples parmi les anges. Mt.25:41
IV. **Objections à sa chute**:
    1. Comment un esprit peut-il pécher contre Dieu? Comment le péché a t'il pu prendre origine dans le ciel? Jésus en a la réponse:
    2. C'est dans le cœur, le domaine de la pensée, que viennent les adultères, les jalousies, la haine, les meurtres, les vols, les calomnies. Le corps n'est qu'un simple instrument au service de l'esprit. Ainsi donc on peut pécher sans le corps. Es.14:12; Mc.7:21-22
V. **Son châtiment**:
    1. Dieu l'a précipité dans l'abime ainsi que les anges rebelles, ses partisans. Ez.14:12; 28:17
    2. Il vivra dans l'espace, sur la terre et sous la terre. Phil.2:9-11; Ep.2:1-3
    3. Il sera toujours placé sous les ordres de Dieu et ne pourra jamais reprendre sa place dans le ciel. Hé.2:14
    4. Aujourd'hui, nous sommes ses victimes; demain nous serons ses juges. 1Cor.6:2
    5. Dieu a fixé le temps où il sera pour toujours dans l'étang de feu. Ap.20:10
    6. Ceux qui n'auront pas obéi à l'évangile ainsi que les mauvais anges, subiront le même sort. Mt.25:41

Conclusion: Quoiqu'il soit l'auteur du mal, il se fit beaucoup de disciples. Allez-vous le suivre? Gardez-vous-en!

Questions

1. Cochez les réponses convenables
   Lucifer est:
   __ Un être incorporel __ un esprit __ un bon garçon __ un chérubin protecteur __ beau et sage avant sa chute

2. Dites quel était le péché de Lucifer
   __ Il n'avait pas péché __ il était orgueilleux __ il voulait être égal à Dieu

3. Choisissez la réponse convenable:
   Pour châtier Lucifer:
   a. Dieu l'a précipité dans l'abime.
   b. Dieu l'a envoyé dans l'étang de feu, l'enfer
   c. Dieu lui donne un chèque de pension provisoire

4. Comment un esprit peut-il pécher? Trouvez les bonnes réponses.
   a. Un esprit ne peut pas pécher
   b. C'est l'esprit qui dicte les actes au corps, bons ou mauvais.
   c. Un esprit peut pécher

5. Choisissez les vrais compagnons de Satan en enfer.
   ___ Les chrétiens __ les incroyants ___ Les incrédules __ les riches __ les pauvres

Leçon 2
Les noms de Satan

Texte pour le moniteur: Ge.3:1; Es.14:12; Ez.28:1-19; Mt.4:1-10; Mc.4:10; Lu.3:22; 22:46; Jn.8:44; 12:31; 14:30; 1Jn.2:17; Ep.6:2; 1Pi.5:8; Ap.12:9-10
Texte pour la classe: Mt.4:1-10
Texte d'or: Jésus lui dit: Retire-toi, Satan! Car il est écrit: tu adoreras le Seigneur, ton Dieu, et tu le serviras, lui seul. **Mt.4:10**
Méthodes: histoire, comparaisons, questions
But: Nous permettre de l'identifier dans ses modes d'opération.

Introduction
Dans la première leçon nous avons vu l'origine de Satan et le sort qui lui est réservé. Aujourd'hui, nous allons l'identifier d'après ses diverses branches d'opérations.

I. Son nom dans un sens général
1. **Lucifer**: (du latin lux, lucis: lumière et fere: porter) d'où son nom «ange de lumière». Es.14:12
2. **Satan**. Dès sa chute, Dieu le qualifie de Satan, c'est à dire l'adversaire de Dieu. Mt.4:10
3. **Diable**: il prend le nom de diable, (des grecs diabolos, calomniateurs) car il exagère nos fautes. Ap.12:10

II. Son nom dans un sens particulier
1. **Prince de ce monde**
   Il veut que tous reconnaissent son autorité sur la terre pour enlever à Dieu le droit de régner sur l'homme, le vrai gérant de la planète. Mt.4:8-10; Jn.14:30
2. **Prince de ténèbres**: Ep.2:2; 6:2

Il prend ce titre parce qu'il agit dans l'ombre, dans l'anonymat, avec des prête-noms pour ne pas être reconnu (*ses imitateurs sont alors appelés: hypocrites, cyniques[6], infernaux[7]*)

3. **Prince de la puissance de l'air.**

   L'air est sa tour de contrôle où il exerce son pouvoir sur les gouvernements, sur les fils de la rébellion (*Il excite les peuples à la guerre pour verser le sang*) Ep. 2:2

4. **Belzébul** ou prince des démons. Mc.3:22

   Ce nom veut dire seigneur, dans le langage ésotérique[8]. Des gens arrivent à se marier avec les sept filles de Belzébul appelées encore les sept vierges de Satan.

5. **Père du mensonge** .Jn.8:44

   Vous ne pourrez jamais mentir pour rendre service à Dieu. Les résultats feront la différence.

2. **Ses noms par rapport à nous**
   1. **Accusateur de nos frères**

      Il revendique des droits sur tout ce que nous faisons sans la signature de Jésus, c'est à dire, sans la prière. Ap.12:10

   2. **Tentateur:**

      Il nous tente en s'offrant pour satisfaire nos besoins actuels. Ainsi il exploite notre ignorance, nos tendances, nos faiblesses naturelles pour nous séduire. Mt.4:3

   3. **Séducteur:** Ap.12:9

      Il emploie la ruse pour nous porter à pécher. Voilà pourquoi Jésus nous dit de «veiller et de prier.» Lu.22:46

---

[6] Cynique. Adj.et n. Qui s'oppose effrontément aux principes moraux et à l'opinion commune. Impudent.
[7] Infernal adj. Qui appartient à l'enfer. Difficile à supporter. Terrible.
[8] Esotérique. Adj. Obscur. Compréhensible seulement aux initiés.

4. **Notre adversaire**: il ne cache pas sa position à notre endroit. Les serviteurs des anges rebelles nous appellent: *ti enmi* (petit ennemi) et les serviteurs des loas nous traitent de: *verditè: vers de terre"* parce qu'ils ne veulent pas reconnaitre l'image de Dieu en nous. 1Pi.5:8

Conclusion:
Ainsi donc, ne faites rien en cachette et ne mentez pas. Au contraire, votez pour la vérité. C'est le seul moyen de rester sous la bannière de Jésus-Christ

---

Questions
1. Citez quatre noms de Satan par rapport à lui-même.
   __ Lucifer __ Satan __ le diable __ Saturne __ calomniateur
2. Vrai ou faux
   a. Lucifer veut dire: Ange de lumière __ V __ F
   b. Satan veut dire l'accusateur __ V __ F
   c. Le Diable veut dire Calomniateur __ V __ F
   d. Satan est appelé prince des ténèbres parce qu'il agit dans l'ombre __ V __ F
   e. Satan nous donne les vraies richesses __ V __ F
   f. Satan est le prince de ce monde à cause de l'autorité qu'il prend sur la planète __ V __ F
   g. Pour le vaincre il faut rester sous la bannière de Jésus-Christ __ V __ F
3. Citez trois noms de Satan par rapport à nous.
   ___ Accusateur ___ notre adversaire ____ un bon ami ___ le tentateur

Leçon 3
Les noms de Satan (suite)

Versets de base: Ge.31:19; Jg.11:24; 16:23; 1S.6:12; 1R.11:5, 7, 33; 2R.1:2; 21:3; 2Ch.32:17; Ps.115: 1-9; Es.39:1; Je.50:2; 51:44; Ez.8;14; Mi.4:5; Ac.14:12-13

Texte pour la classe: Ps.115:1-9

Texte d'or: Es.44:6 Ainsi parle l'Eternel, roi d'Israël et son rédempteur, l'Eternel des armées: je suis le premier et le dernier, et hors de moi il n'y a point de Dieu

Méthodes: histoire, comparaisons, questions, vidéo

But: Parler des divinités fabriquées par l'imagination pour fructifier[9] l'industrie de Satan.

Introduction
Satan s'organise de manière à maitriser la terre. Et pour cela il prend le nom de "dieux des nations". Ces dieux sont de fabrication humaine et sont représentés par des idoles de bois de pierre ou de métal fondu. Ps.115:4-8; 2chron.32:17

I. **Dieux des peuples. Qui sont-ils?**
    A. Dans les pays de l'Orient
        1. **Divinités cananéennes**
            a. **Baal**, le plus grand dieu cananéen. Son nom signifie: maitre, seigneur. 2R.21:3 c'est le dieu de la foudre, du tonnerre.
            b. **Shalem** ou paix, et son épouse Astarté, déesse de la fécondité.
            c. **Dagon,** le père de baal est le dieu du grain, inventeur de la charrue. Jg.16:23

---

[9] Fructifier. V. Produire des fruits

d. **Beel-Zebul** ou prince. 2R.1:2
   e. **Les téraphins**, divinités familiales pour la protection personnelle. Ge.31:19
3. **Divinités des Philistins**: Shemesh: Soleil; Yarish: La Lune .1S.6:12
4. **Divinité Des Moabites**: Kemosh: 1R.11:7; Jg.11:24
5. **Divinité Des Ammonites:** leur dieu était Molok ou Milcon qui signifie: roi .1R.11:5,7, 33
6. **Divinités Babyloniennes et Assyriennes:**
   a. **Mardouk** (*Merodak en Hébreu*), dieu soleil ou de la fertilité. Je.50:2; 51:44; Es.39:1
   b. **Bel** (*proche de l'hébreu baal*) qui signifie seigneur Jer.51:44
   c. **Ishtar ou Astarté,** c'est la déesse de la fécondité et de la guerre. Les assyriens l'ont donné en mariage à leur dieu Assour. (*remarquez que les noms des rois assyriens pour la plupart, viennent de leur dieux. cf: Assurbanipal, Assurnasurpal.*)
   d. **Thammuz**, c'est le Dieu de la végétation et des troupeaux Ez.8:14 Les grecs l'appellent Adonis et les Égyptiens Osiris.
B. **Dans les pays greco-romains**
   1. **Divinités grecques et romaines:**
      a. **Jupiter:** (*en lati : Zeus*) le dieu suprême du ciel et père de beaucoup d'autres dieux. Ac.14:12-13 Il contrôle les éléments, envoie la pluie et la foudre. C'est lui qui décide des batailles et préside à la justice et à la vérité.
      b. **Mercure:** (*en grec hermès*) fils de Jupiter, dieu du commerce, patron des orateurs et des voleurs. Ac.14:12

c. **Diane**, (*en grec Artémis*) déesse de la chasse, de la fécondité Ac. 19:24
   d. **Venus**: déesse de la beauté et de l'amour:

Conclusion: Et tandis que tous les peuples marchent au nom de son dieu, nous marcherons, nous au nom de l'Eternel notre Dieu, à toujours et à perpétuité.

Questions

1. Citez 2 dieux cananéens.
   __ Baal __ Bélier __ Dragon

2. Trouvez la vraie définition des téraphins
   __ Des séraphins __ des dieux domestiques __ des anges

3. Trouvez les vraies réponses
   a. Le dieu des Moabites était __ Kemosh __ Menos
   b. Le dieu des Ammonites était __ Melek __ Molok
   c. Les dieux grecs étaient __ Mercure __ Apollon __ Jupiter
   d. Les dieux romains étaient __ Zeus __ Archélaos __ Venus

Leçon 4
Les divinités africaines et «leur migration» en Haïti

Versets de base: Ps.115:1-9; Je.2:25-28
Texte pour la classe: Je.2:25-28
Texte d'or: Où donc sont tes dieux que tu t'es fait?
Qu'ils se lèvent, s'ils peuvent te sauver au temps du malheur!
Car tu as autant de dieux que de villes, ô Judas! **Je.2:28**
Méthodes: histoire, comparaisons, questions
But: Présenter l'idolâtrie des noirs comme l'une des causes de tous leurs malheurs.

Introduction
Les divinités africaines sont des dieux affectés à chaque tribu. Le culte en général, est animiste[10], c'est-à-dire que le peuple adore toutes les forces de la nature. Comment les classer? Question difficile à répondre. De toute façon, ils sont connus sous ces noms:

I. En Afrique
Des loas: Arada, Guinée, Ibo, Petro, Caplaou, Mandingue. Leur culte est officiellement reconnu en Afrique. Par contre, il est légal de traduire quelqu'un en justice pour une attaque maléfique[11] injustifiée. Et le tribunal peut frapper le coupable d'une amende.

---

[10] Animisme adj. Forme de religion où l'on attribue une âme aux animaux, aux phénomènes et aux objets naturels.
[11] Maléfique adj. Qui a une influence surnaturelle, malfaisante.

II. A Saint Domingue;

Durant la Traite au début du 16ème siècle, les noirs importés d'Afrique implantèrent[12] dans la colonie de Saint Domingue le culte de leurs ancêtres. Mais comme ils étaient forcés d'adorer le Dieu du Catholicisme, chaque statue des saints personnifiait un de leurs dieux. Ainsi il n'y a plus dès lors, une fête patronale sans une cérémonie vodouesque et des sacrifices à la manière africaine. C'est le syncrétisme[13] religieux pratiqué en Haïti jusqu'à ce jour. Le tambour était l'instrument musical pour interpeller les loas, les esprits.

Et voici, pour la plupart, les noms des saints, je veux dire des statues et leur correspondants dans la mythologie[14] africaine:

III.
IV. Noms de "saints" et leur assimilation[15] dans le vodou africano-haïtien

1. Sacré-Cœur   Dix Pongna Lodé
2. Notre Dame De Lourde Maman Laroué
3. Saint Joseph   Papa Zaca
4. Saint Jacques Majeur: Ogoun-Ferraille, représenté par un coq
5. Saint Jacques Mineur: Ogoun-Badagri, Ogoun Balendjo
6. Saint Georges: Lenglesou, représenté par un cochon noir
7. Saint Antoine: Papa Legba, Legba Kalfou (*dieu des récoltes*)
8. Saint Jean-Baptiste   Ti Jean Dantò

---

[12] Implanter. v.t Introduire, installer
[13] Syncrétisme n.m. Fusion de plusieurs doctrines différentes
[14] Mythologie n.f. Légendes propres à un peuple, à une civilisation ou à une région
[15] Assimilation. N.f. Le fait de rendre semblable

9. Saint Jean: Agoun Tonnerre (*le dieu des éclairs et de l'orage*)
10. Sainte Philomène   Maitresse Philomise
11. Sainte Rose De Lima et toutes les vierges: Erzulie Freda, Erzulie Pasipa, Erzulie Jé Rouj, Erzulie Dantò pour provoquer des accidents mortels et boire le sang des victimes.
12. Sainte Anne   Grande Batallah
13. Saint Gérard Guédé , Papa Loco, (*dieu des morts*)
14. Saint Pierre: Pierre Bassico, Pierre Dambarra, Papa Pierre
15. Saint Louis   Roi Danwezo
16. Mont-Carmel ou Vierge Miracle Maitresse Clermézine ou de la mer.

Il est donc faux de croire que de 1503 à nos jours, Haïti soit un pays chrétien, c'est plutôt un pays animiste où les citoyens adoraient les forces de la nature pour leur propre confusion. Ce n'est qu'au début du 19eme siècle que des missionnaires viennent avec l'évangile pour ouvrir les yeux de ce peuple à la connaissance du vrai Dieu.

Conclusion

Ces dieux fabriqués ne peuvent rien en bien ou en mal. Le diable ne fait qu'exploiter la crédulité des simples pour les asservir. Et vous y êtes encore?

Questions

1. Cochez la réponse convenable.
   Les dieux haïtiens viennent: ___ de l'Europe __d'Afrique __ d'Asie

2. Dites comment était leur culte. Cochez la vraie réponse.
   __ Traditionnel ___ animiste __ formel

3. Dites quel était le format de l'adoration dans la colonie
   a. On pratiquait le syncrétisme religieux
   b. On n'adorait aucun dieu
   c. On vit comme on peut

4. Choisissez la vraie réponse
   Durant les fêtes patronales les haïtiens pratiquaient
   a. Une cérémonie de vodou.
   b. Le sacrifice humain
   c. Le sacrifice d'animaux.

5. Vrai ou faux.
   a. Pour l'haïtien les statues des saints incarnent les dieux d'Afrique __ V __ F
   b. Jésus seul peut sauver tous les peuples.__ V __ F

Leçon 5
Les agents de Satan

Versets de base: Le.19:31; Pr.10:12; Os.4:12; Mt.22:15; Lu.7:21; 11:44; 23:43-46; Jn.3:16-18; 2Co.6:2; Ga.5:20- 22; He.4:7; 9:27; 1Pi.5:8

Texte pour la classe: Mt.12:43-45

Texte d'or: Soyez sobres, veuillez. Votre adversaire, le diable, rode autour de vous comme un lion rugissant, cherchant qui il dévorera. **1Pi.5:8**

Méthodes: histoire, comparaisons, questions

But: Montrer les différentes manifestations du malin pour nous séduire.

Introduction

Satan ne vient pas en personne pour agir mais il délègue des esprits méchants qui viendront nous attaquer dans nos points faibles. Comment s'appellent-ils?

I. L'esprit Impur:

1. **Les images pornos**, les propos pornos, les musiques pornos, les modes pornos déterminent les esprits impurs qui nous dominent. C'est ici l'esprit de prostitution qui égare. Osée.4:12
2. **L'impudicité:** toute relation sexuelle en dehors du mariage:
    a. **La fornication:** relation sexuelle entre gens non mariés.
    b. **L'adultère**: relation sexuelle de gens mariés avec un autre partenaire.
    c. **La prostitution:** vie déréglée de sex-workers ou prostituées professionnelles. 1Cor.5:11

3. **La dissolution**[16] Jeu d'amour avec un homme ou une femme en vue de le séduire: (*la drogue, les parfums aphrodisiaques[17], les paroles tendancieuses sont autant de moyens pour dissoudre les cœurs des simples d'esprit*)

II. La ruse
1. **L'esprit de mensonge** qu'on ne découvre qu'après coup.
2. **La fausseté.** Puisque le mensonge est le contraire de la vérité, Satan qui est le père du mensonge, vous offre d'utiliser une autre technique: la fausseté ou la vérité à demi. Quand on va dans le fond, elle n'est qu'un fieffé[18] mensonge. Prov.30:8 Par exemple, le déplacement d'un mot ou d'une virgule dans une phrase peut en modifier le sens. Satan est très versé dans ce domaine.
3. Ex: Jésus disait au larron: en vérité je te le dis aujourd'hui, tu seras avec moi dans le paradis.

   Ainsi puisque le ***Jésus homme*** descend dans la tombe, ***le Jésus Dieu*** est au paradis le même jour avec le larron quand il disait "Seigneur, reçois mon esprit" ce qui est confirmé dans Jn.3:16,18; Lu.23:46; 2Cor.6:2; Hé 4:7 où le salut est indiqué au présent.

   Satan induit[19] en erreur des millions de gens. En déplaçant la virgule, voici ce qu'il fait dire:

   Je te le dis aujourd'hui, en vérité tu seras avec moi dans le paradis. Ici, Jésus 'a seulement fait au larron une promesse qui se réalisera dans le futur. **C'est faux!**

---

[16] Dissolution n.f. Action de dissoudre, de faire disparaitre
[17] Aphrodisiaque adj et n.m Se dit d'une substance qui est sensée provoquer ou stimuler le désir sexuel
[18] Fieffé adj. Qui atteint le dernier degré d'un défaut
[19] Induire v.t. conduire à, mener quelqu'un à une action.

Le déplacement de la virgule ici justifie la doctrine du purgatoire[20] que la bible condamne:
Il est réservé à tout *larron* de mourir une seule fois, après quoi vient le jugement He.9:27

III. L'esprit malin
1. **L'hypocrisie**: du grec hypo (au-dessous) et crites (jugement). On ne peut croire au sourire ni à la parole d'honneur de l'hypocrite, ni à son expression de pitié ou d'amour. Ce sont des moyens pour vous séduire et vous détruire. Vous ne verrez jamais sa main et pourtant il est le poignard qui tue. L'hypocrite agit avec un cœur double. Mt.22:15; Lu.11:44
2. **La haine:** C'est l'arme meurtrière du méchant. La personne a déjà signé votre arrêt de mort dans son cœur. Dans son esprit sadique, elle se réjouit de votre malheur. Prov.10:12
3. **L'hostilité:** un mauvais esprit qui se manifeste par la pression, le dédain. Gal.5:20

Conclusion: Suivez Jésus, la lumière du monde afin de faire échec à ce monstre.

---

[20] Purgatoire n.m. Lieu symbolique de purification temporaire pour les défunts morts en état de grâce, mais qui n'ont pas encore atteint la perfection qu'exige la vision béatifique

Questions

1- Citez 3 agents de Satan
   __ L'esprit impur___ la prière__ la dissolution__ l'esprit malin__

2- Vrai ou faux:
   a. L'esprit impur se manifeste par des paroles et des actes impurs __ V __ F
   b. La fausseté c'est le mensonge __ V __ F
   c. L'hypocrisie c'est l'expression de l'amour __ V __ F

Leçon 6
Les agents de Satan (suite)

Versets de base: 1Ch.21:1; Lu.9:39, 53-55; 13:11; Ro.11:8,25; Ga.5:16-21; Ep.2:3; 2Th.2:11; 2Ti.1:7 Ja.3:16;
Texte pour la classe: Ga.5:15-21
Texte d'or: Je dis donc, marchez selon l'Esprit et vous n'accomplirez pas les désirs de la chair. **Gal.5:16**
Méthodes: histoire, comparaisons, questions
But: Nous mettre en garde contre les ruses du malin

Introduction
Les agents de Satan sont en si grand nombre qu'il nous faut les classer par différentes catégories. Êtes-vous prêts pour cette série? Citons:

I. L'esprit de méchanceté
1. **La cruauté:** plaisir qu'on éprouve à faire souffrir ou à voir souffrir quelqu'un. Cette attitude est commune chez les masochistes et les sadomasochistes Gal.5:20
2. **L'animosité:** esprit de haine intérieure manifestée par une attitude méchante.
3. **La jalousie**: esprit envieux du sort d'un autre. La jalousie ralentit et déforme la vision. *"C'est, en vérité, une maladie de l'oeil". Ja.3:14*
4. **Esprit de surdimutité**: La personne fait la sourde oreille et se tait. Elle refuse de coopérer par mauvaise foi. Lu.9:39
5. **Esprit d'endurcissement:** une autre forme de mauvaise foi, d'insensibilité. Ro.11:25

6. **L'esprit de timidité**
   On fait l'incognito, on se fait passer pour incapable par crainte de paraître en public pour protéger le moi. (*orgueil*) 2Ti.1:7
7. **L'esprit de vaine gloire**: le désir de paraître par pure vanité. C'est encore un autre nom pour *l'orgueil*. 1Ch.21:1
8. **L'esprit** d'incapacité ou de lâcheté. Lu.13:11
9. L'**esprit d'assoupissement**, de paresse, d'insouciance, d'indifférence ou de négligence. Satan nous garde occupé aux choses matérielles et nous rend indifférent aux choses spirituelles. Il utilise cette méthode pour nous distraire, nous empêcher de prier, et surtout de lire la bible. Ro.11:8

II. L'esprit de vengeance

1. **Esprit d'agitation** manifesté par des troubles, des querelles, des grèves sans raison. Lu.9:39
2. **Esprit de dispute:** échange de propos qui dégénèrent en querelle. 2Tim.2:23-26; Jc.3:16
3. **Esprit de contestation**: opposition flagrante parfois sans raison. Ep.2:3
4. **Esprit vindicatif.** On projette le mal contre son prochain. Lu.9:53-55
5. **Esprit d'égarement**: on est déjoué, perverti par Dieu lui même quand on a refuse d'obéir à la vérité 2Th.2:11
6. **Esprit de destruction**: on veut tout détruire jusqu'à soi-même (*c'est courant chez des jeunes qui se font mal en vue de faire souffrir les parents*). Satan nous empêche de voir que nous sommes les premières victimes.

Conclusion:
Veillez et priez, dit Jésus, afin que vous ne to*mbiez pas dans la tentation. L'esprit est bien disposé, mais la chair est faible.*

Questions

1. Dans cette catégorie, reconnaissez la manifestation de la méchanceté
   __ La cruauté__ l'animosité __ la jalousie __ l'esprit sourd-muet __ l'amour du prochain __ l'esprit d'endurcissement

2. Dans cette catégorie, citez les esprits mauvais qui accompagnent l'esprit de timidité
   _ L'esprit d'ignorance et d'incapacité _ l'esprit de lâcheté, de paresse, _ L'amour du travail _ l'esprit d'insouciance

3. Dans cette catégorie citez les esprits mauvais qui accompagnent l'esprit de vengeance
   _ L'esprit d'agitation et de destruction _ l'esprit vindicatif et d'égarement _ l'esprit de conciliation et de pardon

Leçon 7
Le conseil administratif de Satan

Versets de base: Le.18:31; De.18:9-14; 1S.28:7; Da.10:13; Za.11:15-17; Mt.2:16; Jn.19:6; Ac.4:17; Ep.2:2; Phil.1:15; 2Ti.3:6-8; 2Pi.2:1; Ap.11:7; 17:8

Texte pour la classe: Ep.2:1-3

Texte d'or: Ne vous tournez pas vers ceux qui évoquent les esprits ni vers les devins; ne les recherchez point de peur de vous souiller avec eux. Je suis l'Eternel votre Dieu. **Lé.19:31**

Méthodes: histoire, comparaisons, questions

But: Mettre les chrétiens en garde contre les faux docteurs.

Introduction
Comme il est intelligent, ce type? Il a une structure[21] bien en place et il n'est pas à court de moyen.

I. Son quartier général
1. L'air: il domine l'espace Ep.2:2
2. L'abime: Ap.11:7; 17:8
3. La terre (*Disco, nude, dancing, taverne[22], internet, les maisons sans prière*)

II. Ses représentants:
1. **Les personnes possédées d'esprits méchants**, des savants pour inventer des armes meurtrières, des poisons violents. Lu.13:1

2. **Les personnes ignorantes ou frustrées,** qui doivent décider en faveur d'une majorité.

---
[21] Structure n.f disposition
[22] Taverne n.f. café

3. **Les Chefs d'Etat païens.**
Ils prennent des décrets pour restreindre la propagation de l'évangile. (cf: *un roi de Perse magicien, un Hérode cruel, un Pilate cynique*) Da.10:13; Mt.2:16; Jn.19:6; Act.4:17

  a. **Les religieux non-chrétiens**: ils aiment échauffer des discussions sur Dieu, sur les généalogies, les phases de doctrines pour appuyer un point de vue ou pour taxer la Bible de démodée. Tit.3:9-11
  b. **Les diseuses de bonne aventure** *(psychic. Angl)* qui prédisent l'avenir:
      a) Ce sont les **chiromanciens** *qui lisent la main*. Lév.19:31
      b) Les **cartomanciens** *qui lisent les cartes*; les **nécromanciens** qui évoquent les morts; les **télékinésistes** *qui lisent l'avenir à partir des tables tournantes* 1S.28:7
      c) Les **astrologues**, ceux qui lisent les horoscopes: le chrétien n'est pas placé sous les signes du zodiaque qu'ils s'appellent bélier, gémeau, vierge, lion, poisson, capricorne, sagittaire, mais plutôt sous le signe de la croix de Jésus-Christ Lu. 9:23; 4:17

4. **Les faux bergers.** Za.11:15-17
Des gens qui prêchent l'évangile par esprit de dispute, qui voient dans l'évangile une source de gain. Phil.1:15

5. *Les faux leaders.*
Sous couvert de religion, ils détruisent les âmes mal affermies par de fausses doctrines, des crimes et la prostitution. 2Ti.3:6-8

6. **Les faux docteurs** 2Pi.2:1

Conclusion:
Vous qui êtes avertis, restez sur vos gardes, ayant les regards sur Jésus.

Questions

1. Choisissez les vraies réponses. Le quartier général de Satan est __ La Capitale __ l'air __ l'abime __ la terre __ la campagne
2. Citez 3 représentants de Satan
   __ Les savants non chrétiens __ les leaders ignorants __ les religieux non-chrétiens __ les apôtres
3. Vrai ou faux
   a. Un chiromancien est un cireur de botte. __ V __ F
   b. Un cartomancien est un joueur de cartes. __ V __ F
   c. Un nécromancien évoque les morts pour prédire l'avenir __ V __ F
4. La télékinésie c'est prédire l'avenir à partir des tables tournantes. __ V __ F
5. Le chrétien est placé sous le signe de la croix de
   a. Jésus-Christ __ V __ F
   b. Pour se garder de la puissance du malin on doit avoir les regards sur Jésus. __ V __ F

Discussion:
Comment témoigner pour Christ sous l'oppression religieuse?

Leçon 8
Les trucs de Satan

Versets de base: De.22:5; Mt.22:1-5; 26:40-41; Ro.3:23; 2Cor.2:11; Ja.4:7;
Texte pour la classe: Mt. 22:1-5
Texte d'or: Ja.4:7 Soumettez vous donc à Dieu; résistez au diable et il fuira loin de vous.
Méthodes: histoire, comparaisons, questions
But: Nous mettre en garde contre ses moyens de séductions.

Introduction
Satan est le séducteur par excellence: il sait comment plier notre volonté à ses désirs. Il suffit de lui obéir en une chose et nous voilà abouti à faire exactement ce que nous détestions auparavant. Quel séducteur!

I. Méthodes:
1. **Il nous enlève le désir de prier**
   a. **Par les plaisirs des sens** (*TV, radio, loisirs, des amis intéressants, des programmes pornos*) qui nous captivent pendant des heures. Nous sommes saturés au point de perdre l'envie de prier. Mt.26:40
   b. **Par le surmenage.** Il nous offre deux emplois. Le temps pour nous d'ouvrir la bible, de prier ou d'aller à l'église, nous tombons de fatigue et de sommeil. Mt.26:41
   c. **Par les médias** (*téléphone, news*) Notre attention est sollicitée exactement à l'heure du service à l'église ou de la prière. Un programme favori sur câble ou un match de base-ball ou de basket mettant en jeu notre équipe préférée, ou bien un appel à longue distance pour nous

garder esclave auprès du combiné. Le temps d'aller à l'église ou de prier est passé et le sommeil nous empare. 2Co.2:11

   d. **Par tout ce qui passionne**: Une nouvelle amitié, une nouvelle acquisition (*auto, maison, jeux*) peuvent nous éloigner de la prière et de Dieu. Mt.22:1-5

   e. Dans certains endroits, la prière est prohibée[23] au profit du crime, de la prostitution.

2. Il nous donne une fausse image de lui-même

   a. Il nous fait croire qu'il est laid. Comment avait-il pu séduire Eve, la première dame, s'il était laid? Il est plutôt un brigand bien élevé. Il nous crève les yeux avec politesse. Le temps pour nous de répliquer, il nous sourit et nous dit: *Je te tiens mon gars. Il est trop tard*!

   b. Il nous tente par ce qui brille et nous les fait prendre pour de l'or. (un *beau garçon, un sex-worker qui vous offre le mariage. Il vous laisse avec un enfant dans le sein et des bataclans de cinquième main.*)

   c. Il nous fait croire qu'il n'existe pas. On dit que c'est le fruit de l'imagination. C'est notre croyance.

   d. D'autres disent que Satan c'est Dieu lui-même lorsqu'il nous punit.

   e. Satan utilise des imitations, des faux qu'il fait passer pour vrais pour nous séduire.

   f. (Ex: la même industrie qui vous vend le *permanent*, vous vend aussi les **allonges** sachant que le *permanent* est **provisoire**). La personne qui vous vend gentiment le **cordial** est la même qui **appelle 911** quand l'ivresse vous jette dans l'inconscience.

---

[23] Prohiber v.t Interdire légalement par voie d'autorité.

g. Satan nous offre le ciel sur terre *(la drogue, le crac, le lotto)* **You Go High But Not In The Sky.** Vous allez achever vos jours avec le mal qui ne pardonne pas. Ro.3:23

3. **Il vous donne une fausse protection**.
    a. Les médailles dites miraculeuses (*petits objets qu'on porte sur soi pour la protection contre les mauvais esprits*). Satan rit de vous.
    b. Les jupons de 3 ou de 7 couleurs pour écarter les mauvaises chances. De.22:5
    c. Les grains de «*diocre*» pour garder les enfants des lutins[24], des loup-garous[25]
    d. Les parfums spéciaux à mettre sur le corps quand il faut sortir la nuit.
    e. Les bâtons à noeuds (*baton chapelet*) pour battre les loup-garous, les makandals[26]
    f. Les poupées appelées **sousoupannan** qu'on remplit de pièces de monnaies et qu'on met dans les jardins pour garder les récoltes ou dans les magasins pour protéger la caisse des voleurs.

Conclusion:

Mon ami, Satan reprend tôt ou tard ce qu'il vous donne et enfin il prend votre vie. Et c'était là son but. Mais il ne vous l'avait pas dit.

---

[24] Lutin.n.m Espiègle, éveillé. Mauvais esprit ayant la forme et la hauteur d'un petit enfant (myth haïtienne)

[25] Loup-garou n.m. Sorcier prenant l'apparence d'un loup la nuit et retrouvant la forme d'homme pendant le jour.

[26] Mackandal. (Créole) Nom donné dans la mythologie haïtienne aux esprits malfaisants

Vous le saurez quand même, mais trop tard. Soumettez-vous à Dieu, résistez au diable et il fuira loin de vous.

Questions

1. Citez trois méthodes de séduction de Satan.
   a. Il vous enlève le gout de la prière
   b. Il vous donne une fausse image de lui-même
   c. Il vous donne une fausse protection
   d. Tous les trois

2. Cochez la bonne réponse. Pour nous enlever le désir de prier Satan nous suggère:
   __ L'amour pour Dieu __ le plaisir __ le surmenage __ la distraction

3. Cochez la bonne réponse. Pour nous donner une fausse image de lui-même Satan nous suggère
   __ La sincérité __ La tromperie __ la séduction __ le pardon

Leçon 9
Satan et ses cinq armes meurtrières

Versets de base: Ge.3:10; No.16:12-14; 1R.18:19, 22-24; Es.41:10; Mt.13:55; 2Co.12:9; 1Pi.5:8; Ep.6:10-18
Texte pour la classe: Ep.6:10-18
Texte d'or: Au reste, fortifiez-vous dans le Seigneur et par sa force toute puissante. **Ep.6:10**
Méthodes: histoire, comparaisons. Questions
But: Vous mettre en garde contre les armes meurtrières du malin.

Introduction
Si vous ignorez les armes de Satan, tans pis pour vous; vous êtes déjà sous son influence sans le savoir. Comment?

I. Par la ruse:
1. Il vous confond dans la définition du bien et du mal. On peut faire le bien *bien*, mais on peut *mal* faire le bien (ex. Faire un don (***bien***) en public à quelqu'un pour l'exposer aux gangsters. (**mal**)
2. On peut *bien* faire le mal (ex. Prendre quelqu'un à son bord (***bien***) et le déposer intentionnellement, dans un quartier infesté d'assassins ou de pédérastes (***mal***)

II. Par la déception
1. Satan vous conduit au péché secret aujourd'hui et vous avilit demain. Votre vie de placage ou votre vol en cachette d'aujourd'hui seront dévoilés demain.
2. Il vous favorise le succès maintenant et vous traine à la faillite plus tard.
3. Il vous fait douter de Dieu dans les cas de maladies incurables, dans les cas de problèmes difficiles à résoudre,

dans les cas de prières sans réponses, surtout pour un être cher tombé malade ou pour un visa maintes fois refusé. On n'apprend pas à accepter comme Paul cette parole «Ma grâce te suffit». 2Co.12:9
4. Satan vous fait toujours croire à son absence pour mieux opérer dans l'ombre.
Le temps pour vous de le reconnaître à la tête des événements, il est déjà trop tard. Il est maitre du terrain. Les dégâts sont irréparables! C'est comme le virus du SIDA.1Pi.5:8

III. La peur
1. La peur vous désarme. Vous avouez votre défaite quand il y avait lieu de poursuivre et de vaincre. La peur vous conduit à la lâcheté (*divorce, fuite, noyade, pendaison, poison. suicide*) Es.41:10
2. Dans certains cas on ment, on ruse, on devient hypocrite ou agressif. On perd la lucidité On n'accepte pas de conseil et on fuit le contact avec Dieu. Ge.3:10 Jésus dirait: "*gens de peu de foi...pourquoi avez-vous peur*?

IV. La persuasion: *(il vous oblige à faire une chose insensée)*
1. En novembre 1978 à Jonestown, dans la jungle des Guyanes, Jim Jones persuada 913 adhérents à un suicide collectif.
2. Le 16 avril 1996, David Koresh du Camp Davidian, a préféré offrir en holocauste la vie de 86 adhérents qui l'acceptèrent, au lieu de se rendre aux autorités américaines.
3. Le 21 mars 2000 à Kampala en Ouganda, le leader d'un culte ougandais incendia 924 adhérents.

V. Le découragement: *son arme de choix:*
1. Il vous limite à votre incapacité. D'autres plus qualifiés que vous avait déjà essayé sans succès: c'est du temps perdu. Ne l'écoutez pas bien-aimé! Songez que Moise et Elie avaient échoué là où Jésus avait réussi. 1Roi.19:15-16
2. Il vous rappelle votre origine. «Nul dans votre race n'avait jamais tenté pareille chose.» Encore une fois, ne l'écoutez pas! Songez chrétiens que notre salut est venu d'un simple charpentier du village de Nazareth. Dieu peut vous utiliser pour sauver votre pays!) Mt.13:55
3. Il vient toujours avec une idée négative. Exemples:

a- *«Vous exploitez le peuple. Nous voyons très clair dans votre jeu"* No.16:12-14

b- *«Vous voulez vous soulever contre le gouvernement?»* Néhémie avait passé par là. Ne.2:19

c. *«Vous voyez que vous ne gagnez rien. La majorité emporte!*
Je vous en prie chrétiens. Ne le croyez pas! Rappelez-vous que Achab, Jézabel leur 850 bocors et les millions d'Israël étaient en majorité, mais l'Eternel et son prophète l'emportaient. 1R.18:19-24

Conclusion:
Prenez toutes les armes de Dieu afin de pouvoir lutter dans les mauvais jours.

Questions

1. Identifiez ici les armes meurtrières du malin.
   __ La ruse __ la déception __ la prière __ la peur __ la persuasion __ le découragement
2. Donnez deux exemples pour la ruse. Cochez les vraies réponses
   __ Faire le bien mal __ faire le mal bien __ jeuner et prier
3. Donnez deux exemples de déception. Cochez les vraies réponses
   a. Il vous séduit et vous avilit ensuite.
   b. Il vous conduit à la faillite, il vous fait douter de Dieu.
   c. Il vous encourage à aimer Dieu.
4. Choisissez ici deux exemples pour la peur.
   a. On refuse les conseils et l'on fuit
   b. On dit qu'on est brave
   c. On va au suicide par peur d'être découvert
5. Choisissez ici des exemples pour la persuasion
   a. Convaincre quelqu'un de faire une mauvaise chose
   b. Jim Jones en Guyane
   c. David Koresh dans le camp Davidan
   d. Tous les trois
6. Donnez deux exemples pour le découragement
   a. Il vous fait croire à votre incapacité d'arriver au succès.
   b. Il vous rappelle votre humble origine.
   c. Tous les deux

Leçon 10
Son influence dans la chair

Versets de base: Ps.139:14; Lu.9:23; Ro.3:10-18; 5:13; 6:23; 7:17-23; 8:1-13; 1Co.2:14; 3:1;8:5-13; Ga.5:17 ; Ep.2:3; 4:17-19, 27; Col.2:13-15; Ja.2:26; Ap.20:14

Texte pour la classe: Ro.8:5-13

Texte d'or: Si vous vivez selon la chair, vous mourrez; mais si par l'Esprit vous faites mourir les actions de la chair, vous vivrez. **Ro.8:13**

Méthodes: discours, comparaisons, questions

But: Vous mettre en garde contre les puissances du malin.

Introduction

La chair, voilà un des domaines dans lequel Satan exerce son empire et fait des dégâts considérables. Allez-vous la prendre au sérieux?

I. Définition de la chair

1. Ce n'est pas notre humaine nature à la beauté de laquelle David disait: "Je te loue Père de ce que je suis une créature si merveilleuse.» Ps.139:14
2. C'est la capacité commune à tout homme de faire le mal. Tous nous l'avons hérité d'Adam.
3. Paul dira *"nous étions par nature des enfants de colère, donc en rébellion contre Dieu. Ep2:3*
4. Nous sommes donc totalement affectés par le péché dans notre intelligence, dans nos émotions et notre volonté. Ro.3:10-18; Ep.2:3; 4:17-19

II. Ses Noms :
1. Le vieil homme hérité d'Adam. C'est lui qui est crucifié avec Christ. Ro.6:6 ; Ep.4:22
2. Le péché qui habite en moi. Ro.7:17
3. Le mal présent en moi. Ro.7:21
4. Une loi différente dans mes membres. Ro.7:23
5. L'homme animal charnel ou naturel. 1Co.2:14 ; 3:1

III. Son usage par Satan :
Par la chair, il exerce son contrôle sur nos vies. Ep.4:27 (*Moniteur, rappelez aux élèves que le seul moyen de le vaincre est de nous cacher derrière la croix de Christ.*)

IV. Son Sort :
1. *Pour le païen*
   La chair le sépare de Dieu et le prive de sa gloire. C'est la mort spirituelle. Ro.3:23 ; 6:23
2. *Pour le chrétien :*
   Le vieil homme est crucifié, il est mort. Retenez bien que la mort dans le Nouveau Testament signifie en général, la séparation d'avec Dieu. Ja.2:26 ; Ap.20:14
3. Ce vieil homme est vaincu par Jésus à la croix du calvaire. Explication : Satan pouvait exercer son pouvoir sur nous à cause du péché dans notre nature. Puisque Christ a cloué tous nos péchés sur le bois du calvaire, Satan perd ses droits de régner sur nous. Ro.8:1 ; Col.2:13-14
4. Jésus a livré Satan en spectacle, il l'a avili, l'a dépouillé de son pouvoir. Col.2:15

Conclusion.
Et maintenant que vous êtes libéré de sa puissance, ouvrez vos cœurs pour être remplis du Saint-Esprit. Gal.5;17

Questions

1. Choisissez ici la vraie définition de la chair
   __ Notre corps __ la nature pécheresse héritée d'Adam __ notre peau

2. Trouvez ici deux noms pour la chair
   ___ La chaire de l'église __ le vieil homme __ l'homme animal.

3. Dites ce que fait Satan pour nous dominer. Trouvez la vraie réponse.
   __ Il nous dit de prier __ Il utilise notre chair __ il utilise nos pensées.

4. Vrai ou faux
   a. Le pécheur est séparé de Dieu __ V __ F
   b. Le vrai chrétien porte une petite croix sur lui ___ V ___ F
   c. Dans le Nouveau Testament la "mort" signifie la séparation d'avec Dieu __ V __ F
   d. Jésus a vaincu la mort par sa victoire sur le bois du calvaire __ V __ F

Leçon 11
Son influence dans le monde

Versets de base: Es.3:16; 4:1-6; Mt.8:28-34; Mc.5:1-5; Jn.12:31; Ap.12:12;
Texte pour la classe: Mt.8:28-34
Texte d'or: Malheur à la terre et à la mer! Car le diable est descendu vers vous, animé d'une grande colère, sachant qu'il a peu de temps. **Ap.12:12b**
Méthodes: discours, comparaisons, questions
But: Glorifier Jésus Christ à cause de sa victoire pour nous sur le monde.

Introduction
Qui peut douter de son influence dans le monde? Voyons-le à l'œuvre.

I. Dans le monde.

Ce n'est pas dans l'univers physique mais un système organisé qui exprime le mode de gouvernement du malin. C'est dans cet ordre d'idées que Jésus appelle Satan "le prince de ce monde », **mais il ne lui en donne pas le droit d'auteur**.

Satan gouverne une organisation d'anges déchus et d'hommes corrompus qui sont tous séparés de Dieu.

II. Il veut agir vite sachant qu'il lui reste peu de temps Mt.8:29

Remarquez comment il déguise un jeune homme qui n'a dès lors d'autres adresses que les sépulcres et les flancs des montagnes. Mc.5:5 (*moniteurs, parlez ici des jeunes garçons habillés en travestis portant des vêtements évasés, disproportionnés, des anneaux au nez, au nombril, des cheveux frisés, des tatous sur le corps; parlez des jeunes gens qui fument le crac et boivent des boissons alcooliques et de ceux-là qui sont égarés par l'esprit de prostitution.*) Dès que Satan réussit à vous déguiser, il vous incite à parcourir les rues pour la promotion de son produit.

Conséquences:
    a. Le SIDA surtout parmi les jeunes gens et les sexagénaires.
    b. Les crimes gratuits.
    c. Les accidents révoltants causés par des chauffeurs en état d'ébriété (DUI)
d.   Une société à l'envers où des gens de renom fonctionnent sans crédit moral.

III. Il descend avec une grande colère quand il voit que son temps d'opération touche à sa fin. Ap.12:12

Voilà qui explique:
1. Les suicides collectives
2. La légalisation des mariages entre des gens de mêmes sexes,
3. La diffusion des programmes des diseuses de bonne aventure à la Télé.
4. Les films diaboliques et pornographiques, érotiques pour séduire.
5. La lutte pour approuver l'avortement.
6. La lutte pour interdire la prière dans les écoles publiques.
7. La déification des vedettes sportives , romantiques et politiques.
8. Des conflits sans solution entre les peuples en guerre.
9. Des chrétiens d'église comme agents de Satan.
10. Le Lotto pour vous tenter jusqu'à vous porter à ne plus posséder "à la sueur de votre front"

11. Les gouvernements sans conseillers spirituels pour éclairer leur lanterne politique.
12. Des gens divorcés et remariés en fonction dans les affaires importantes de l'Église.

Conclusion:
Satan agit vite parce qu'il sait qu'il lui reste peu de temps. Et vous, bien-aimé, que faites-vous de votre temps? Dépêchez-vous!

Questions

1. Choisissez les bonnes réponses. Pour rattraper le temps, voici ce que fait Satan:
   a. Il passe son temps à chanter
   b. Il jette du trouble parmi les hommes
   c. Il donne de mauvais conseils aux leaders

2. Dites dans quel monde opère Satan
   a. Il agit dans l'univers physique.
   b. Il agit dans nos cœurs.
   c. Il utilise des gens sans Dieu pour prendre des décisions valables.
   d. Tous les quatre.

Leçon 12
La fin de Satan

Versets de base: Job.1:10-12; Ps.34:20; 91:1; 121:7; 139:16; Mt.6:13; 24:24; 25:41; Mc.3:16; 6:7; Jn.16:11; 1Cor.15:26; 2Th.2, 8, 42; Ap.18:2, 54-57; 2:6

Texte pour la classe: 2Th.2:1-12

Texte d'or: Et alors paraîtra l'impie, que le Seigneur Jésus détruira par le souffle de sa bouche, et qu'il anéantira par l'éclat de son avènement. **2Th.2:8**

Méthodes: discours, comparaisons, questions, vidéo

But: Décrire notre victoire sur l'adversaire

Introduction

Et nous voilà au dernier épisode! Enfin, qui en est le champion? Faisons le calcul:

I. Les victoires de Satan:
   1. **Provisoires**
      a. Il envoûte[27] l'homme par certaines maladies surnaturelles qu'on ne peut guérir avec des remèdes naturels. D'où le danger d'aller chez le hougan. Il vous dit: *Topi mete, topi wete.*
      Cependant, Jésus donne aux disciples le pouvoir de chasser les démons. Mc.3: 15 6:7
      b. Il provoque des accidents qui sont d'explication naturelle et pourtant il s'accapare de l'âme des victimes. C'est le zombi dans le langage haïtien. Mais pour le

---

[27] Envouter v.t. Exercer sur un être animé une action magique, le plus souvent maléfiques par l'effet supposé de diverses pratiques.

chrétien, Dieu garde son âme à l'ombre de ses ailes. Il ne sera jamais zombi ni zombifié.   Ps. 91:1; 121:7
   c. Le malheur atteint *souvent* le juste, mais l'Eternel l'en délivre *toujours*. Ps.34: 20

2. **Incomplètes: pourquoi?**
   Dieu l'a limité
   1. Il est puissant, mais Dieu est Tout-Puissant
      Ex. Dieu permet à Satan de nuire à Job, mais pas de le tuer. Job.1:10-12; 2:6
   2. Il est rusé, mais Dieu est omniscient. Ps.139:16
      Satan nous attire dans des pièges en exploitant nos tendances; Dieu nous tire du danger et ne nous laisse pas succomber à la tentation. Mt.6:13
   3. Satan emploie ses agents partout pour nous attaquer, mais notre Dieu est omniprésent. Il nous envoie l'ange de l'Eternel pour nous sauver du danger. Ps.34:8

II. Ses derniers efforts: avec l'antéchrist
   1. Une puissance mondiale qui viendra pour offrir à l'homme le bonheur sur la terre.
   2. Elle fera des prodiges pour séduire s'il était possible, même les élus. Mt.24: 24
   3. Ce sera une puissance diabolique qui entrera dans l'église pour s'asseoir dans le temple de Dieu et se proclamer lui-même Dieu. 2Th.2:4
   4. L'antéchrist armera des leaders religieux contre l'Eglise; mais Christ l'anéantira par le souffle de sa bouche et par l'éclat de son avènement. 2Th.2:8; Ap.18:2

III. Sa fin:

Son jugement était déterminé
1. Par la victoire de Christ sur la croix: le prince de ce monde est jugé, dit Jésus. Jn.16:11
2. Par la destruction de la mort: le dernier ennemi de l'homme. 1Co.15:26, 54-57
3. Par le jugement dernier: le feu éternel pour lui et ceux qui n'avaient pas obéi à l'Evangile. Mt.25:41

Conclusion

Accrochez-vous maintenant à la croix de Christ: c'est l'ancre de sauvetage, la seule planche de salut.

Questions

1. Identifiez la nature de la victoire de Satan:
   __ Définitive __ provisoire __ incomplète __ facile
2. Dites pourquoi Satan doit échouer
   a. Parce qu'il est limité.
   b. Parce que Dieu est illimité.
   c. Parce qu'il est puissant et Dieu Tout-Puissant.
   d. Parce que Satan n'a pas assez d'argent.
3. Décrivez ses derniers efforts. Choisissez la bonne réponse
   a. Il offrira à l'homme le bonheur sur terre.
   b. Il fera des prodiges pour essayer de séduire même les élus.
   c. Les deux
4. Quelle seront les étapes de sa fin?
   ___ Son jugement était arrêté depuis la victoire de Christ sur la croix. ___ la mort sera détruite.
   ___ Satan sera jeté dans l'étang ardent de feu.

Récapitulation des versets pour le trimestre
Les Profondeurs de Satan
Tome 6 Série 2

Leçon 1   L'origine de Satan
   Tu as été intègre dans tes voies, Depuis le jour où tu fus créé Jusqu'à celui où l'iniquité a été trouvée chez toi. **Ez.28:15**

Leçon 2   Les noms de Satan
   Jésus lui dit: Retire-toi, Satan! Car il est écrit: Tu adoreras le Seigneur, ton Dieu, et tu le serviras lui seul. **Mt.4:10**

Leçon 3   Les dieux des nations
   Es.44:6 Ainsi parle l'Eternel, roi d'Israël et son rédempteur, l'Eternel des armées: je suis le premier et le dernier, et hors de moi il n'y a point de Dieu

Leçon 4 Les divinités africaines et leur migration en Haïti
   Où donc sont tes dieux que tu t'es faits? Qu'ils se lèvent, s'ils peuvent te sauver au temps du malheur! Car tu as autant de dieux que de villes, ô Juda! Je.2:28

Leçon 5 Les agents de Satan
   Soyez sobres, veillez. Votre adversaire, le diable, rôde comme un lion rugissant, cherchant qui il dévorera. **1Pi.5:8**

Leçon 6 Les agents de Satan (Suite)
Je dis donc: Marchez selon l'Esprit, et vous n'accomplirez pas les désirs de la chair Ga.5:16

Leçon 7 Le Conseil Administratif de Satan
Ne vous tournez point vers ceux qui évoquent les esprits, ni vers les devins; ne les recherchez point, de peur de vous souiller avec eux. Je suis l'Éternel, votre Dieu. **Le.19:31**

Leçon 8 Les trucs de Satan
Soumettez-vous donc à Dieu; résistez au diable, et il fuira loin de vous. **Ja.4:7**

Leçon 9 Satan et ses cinq armes meurtrières
Au reste, fortifiez-vous dans le Seigneur, et par sa force toute-puissante. **Ep.6:10**

Leçon 10 Son influence dans la chair.
Car jusqu'à la loi le péché était dans le monde. Or, le péché n'est pas imputé, quand il n'y a point de loi. **Ro.8:13**

Leçon 11 Son influence dans le monde
C'est pourquoi réjouissez-vous, cieux, et vous qui habitez dans les cieux. Malheur à la terre et à la mer! Car le diable est descendu vers vous, animé d'une grande colère, sachant qu'il a peu de temps. **Ap.12:12**

Leçon 12 La fin de Satan
Et alors paraîtra l'impie, que le Seigneur Jésus détruira par le souffle de sa bouche, et qu'il anéantira par l'éclat de son avènement. **2Th.2:8**

Série 3

La Prière

Série III - Avant-propos
La prière

Depuis le jour où les disciples avaient demandé à Jésus de leur enseigner à prier, tous les néophytes du monde entier ont exprimé ce même désir soit ouvertement soit tacitement. Nous découvrons dès lors, que ce ministère ne procède pas de l'amateurisme[28] ou de la science infuse[29] mais qu'il prend sa source en Dieu lui-même qui l'a mis en circulation comme une monnaie, une devise au prix de laquelle nous pouvons obtenir gratuitement ses grâces. En effet, si toute grâce excellente et tout don parfait descendent d'en haut, il faudra une force proportionnelle ou supérieure pour les mouvoir. Comme l'homme est pécheur, sans droit ni qualité, sans crédit auprès de Dieu, il appartient à Dieu lui-même de mobiliser cette force. Ainsi quand Dieu veut nous bénir, il nous inspire la prière qui peut fléchir sa volonté. Dès aujourd'hui je vous conseillerais de mettre de coté votre formulaire de prières, les incantations si vous en avez, et de dire humblement à Jésus: «Seigneur, enseigne-moi à prier.»

---

[28] Amateurisme n.m. Situation d'une personne qui pratique un sport, un art en armateur, pour son agrément, sans en faire une profession
[29] Infuse adj. Science infuse que l'on possèderait naturellement sans l'avoir acquise par l'étude ou l'expérience

Leçon 1
Seigneur, enseigne-nous à prier

Texte pour le moniteur: 2Ch.6:18; Ps.22:1-4; 24:1; 33:1-4; 145:13; Pr.3:26; Mal.2:1-3; Mt.6:9-15; Lu.11:1-4; Ep.1:20-21; Hé.4:16; Ap.5:8

Texte pour la classe: Mt.6:9-15

Texte d'or: Jésus priait un jour en un certain lieu. Lorsqu'il eut achevé, un de ses disciples lui dit: Seigneur, enseigne-nous à prier, comme Jean l'a enseigné à ses disciples. **Lu. 11:1**

Méthodes: Discours, comparaisons, discussion, questions

But: Montrer la relation possible entre le Dieu infini et l'homme fini.

Introduction
Les disciples demandèrent à Jésus de leur enseigner à prier. Ne savaient-ils pas prier auparavant? Voyons les raisons de leur demande.

I. Jésus priait à son Père qui est aux cieux.
1. Sa prière prend la direction de l'infini. Il nous montre comment atteindre les cieux et toucher le cœur de Dieu, sans même l'usage de microphone, de haut-parleur, de station satellite. Il nous suffit d'avoir déposé notre vie à la croix du calvaire, au jour de notre conversion. Voilà la forme d'application acceptable devant Dieu. Hé.4:16
2. Jésus veut nous conduire à la source infinie pour y puiser la grâce infinie. Un père fini ne peut résoudre les problèmes au-dessus de sa portée. Quand les dangers accourent subtils, inconnus, seul le «Père qui est aux cieux» peut nous

procurer la paix, la joie, l'assurance et la protection contre les puissances du diable. Pr.3:26

II. Jésus donnait toute son âme à cette prière par la louange.
1. L'honneur est le premier parfum que Dieu attend de nous. **Les anges, les archanges chantent sa gloire. Mais Dieu devient plus populaire quand nous lui donnons gloire** en présence des méchants. Ap.5:8
2. Il tient à la louange. Il vit au milieu des louanges. Ps.22:4
3. Il accueille la louange des hommes droits. Ps.33:1
4. Il aime la nouveauté dans la louange et non les chants de routine. Ps.33:3
5. Il l'exige et dans le cas contraire, il retiendra nos bénédictions et promet de nous humilier publiquement. Mal. 2:2-3

III. Jésus reconnaît l'autorité suprême du Père en toutes choses.
1. Il proclame la souveraineté[30] de «Son Père qui est aux cieux» sur toutes choses. Les cieux ici indiquent les univers, les endroits jusqu'ici inexplorés[31] par l'homme, toutes les planètes sur lesquelles Dieu étend sa domination. 2Ch.6:18
2. Dieu est au-dessus de tout et de tous. Au-dessus des êtres corporels et incorporels, au-dessus de Satan le Diable, au-

---

[30] Souveraineté n.f. Autorité suprême.
[31] Inexploré adj. Qu'on n'a pas encore connu.

dessus des hommes, au-dessus des problèmes, au-dessus de la mort, au-dessus du temps et de l'éternité. Ps.24:1
3. Il reconnaît cette souveraineté dans le gouvernement du monde visible et du monde invisible. Ps.145:13; Ep.1:20-21

IV. Jésus se limitait à sa condition d'homme pour rester humble.
1. Il ne revendique rien du Père, mais il fait sa demande avec foi pour nous en donner l'exemple.
2. Il se met à genoux pour s'humilier devant son Père. Pourquoi donc ne pas l'imiter? Tant que ce monde n'est pas soumis complètement à l'autorité de Dieu, tant que le malin y règne, nous devons nous mettre à genoux pour prier Dieu. C'est la meilleure position pour terrasser le diable. Lu.22:41

V. Il classifiait ses requêtes dans un ordre parfait.
1. La gloire à Dieu d'abord. Mt.6:9
2. Les demandes matérielles ensuite. V.11
3. Les demandes pour la protection contre les dangers de la tentation et les ruses du malin. V.13
4. Il ne vient pas avec des verbiages inutiles ni des répétitions de Seigneur, Seigneur», répétitions qu'Il hait d'ailleurs. Mt.7:21

VI. Il veut retourner toute la gloire à Dieu seul.
1. Le pain de chaque jour, de Dieu seul. Mt.6:11
2. La victoire sur le malin, de Dieu seul. V.13
3. La réponse à nos problèmes, de Dieu seul. 11
4. Le pardon de nos péchés, de Dieu seul. V.12
5. Finalement la gloire, à Dieu seul. V.13b

Conclusion: Puisque Jésus lui-même a prié et nous en a laissé un exemple, restons en contact avec l'invisible, Dieu. Nous serons étonnés de voir des merveilles.

Questions

1. Ecrivez le verset du jour.

2. Trouvez la vraie réponse:
    a. Quand Jésus priait, sa prière va au Père par internet.
    b. Il trouvait sa prière dans un formulaire de prière.
    c. Il faisait de grands gestes avec la main pour intimider Dieu.
    d. Il priait à son Père qui est aux cieux.

3. Soulignez les vraies réponses: Jésus met accent sur la louange.
    a. Parce que la louange sied aux hommes droits.
    b. Parce que Dieu aime les flatteurs.
    c. Parce que Dieu siège au milieu des louanges.
    d. Parce que Dieu l'exige.

4. Trouvez les vraies réponses
   a. Jésus n'avait pas besoin de prier puisqu'il est Dieu.
   b. Jésus avait besoin de prier puisqu'il était homme.
   c. Jésus avait besoin de prier pour nous montrer comment obtenir les grâces de Dieu.
   d. Jésus avait besoin de prier parce qu'il avait peur de mourir.

5. Vrai ou faux
   a. Il faut un bon microphone pour atteindre Dieu. _ V _ F
   b. Il faut prier au nom de Jésus pour atteindre Dieu._ V _ F
   c. Si on ne parle pas en langue, Dieu ne répondra pas. __ V __ F
   d. Si on ne sait rien dans le système Internet, on ne peut atteindre Dieu. __ V __ F
   e. Il faut crier fort pour que Dieu entende. __ V __ F
   f. Il est obligatoire d'avoir une liturgie de prière._ V __ F
   g. Mon pain quotidien vient de Dieu seul. __ V __ F
   h. Mon remède vient du docteur, ma guérison de Dieu seul __ V __ F
   i. Nous devons prier Dieu pour avoir seulement des bénédictions matérielles __ V __ F

Leçon 2
Seigneur, enseigne-nous à prier (suite)

Versets de base: Mal.3:8-9; Jn.3:35; 15:5c; Ro.3:11-18; 1Co.6:19-20; Ep.3:20; Ph.2:9-11; 1Ti.2:5; Ja.1:17
Texte pour la classe: Mt.6:9-15
Texte d'or: Je suis le cep, vous êtes les sarments. Celui qui demeure en moi et en qui je demeure porte beaucoup de fruit, car sans moi vous ne pouvez rien faire. **Jn.15:5**
Méthodes: Discours, comparaisons, discussion, questions
But: Montrer la présence de Jésus comme indispensable pour l'exaucement à nos prières.

Introduction
Le «Notre Père» appelé aussi «Oraison dominicale» ou encore la «Prière du Seigneur» est plus qu'une prière quand on la considère dans son essence. Nous allons le démontrer à l'instant, à la lumière de certaines interprétations.

I. Que signifie l'expression «Enseigne-nous à prier»?
1. Elle veut dire «Seigneur, dicte-nous le format requis pour la présentation de nos demandes.
2. Elle veut dire aussi: «Seigneur, dicte-nous l'attitude à adopter quand il faut nous adresser à Dieu.
3. Elle veut dire encore: «Seigneur, donne-nous une liste de choses qu'on peut lui demander en vue d'être sûr qu'il va nous exaucer. Jésus va agir comme un entrepreneur[32], un Grant Writer. Dès que Dieu voit la signature de Jésus,

---

[32] Entrepreneur n.m. Personne qui, dans un contrat d'entreprise, s'engage à effectuer un travail pour le maitre de l'ouvrage

notre Grant Writer, il sera disposé à nous donner infiniment au-delà de ce que nous demandons ou pensons. Ep.3:20

4. Et puisque la demande n'exige aucun frais de notre part, il va sans dire que le premier bénéficiaire des bénédictions à recevoir serait Jésus lui-même, le médiateur entre nous et son Père.1Ti.2:5

II. Pourquoi avoir Jésus comme Grant Writer et cosignataire[33]

Quelque soit nos demandes, nous ne sommes pas qualifiés pour rien recevoir de Dieu. C'est pourquoi, dans leurs prières, nos humbles frères ont raison de dire «Nous ne sommes ni bons ni dignes, mais nous te prions au nom de Jésus-Christ ton Fils.» Pourquoi?

1. Parce que notre crédit auprès de Dieu est détruit à cause de nos péchés, nos manquements. Ro.3:11-12
2. Dieu ne nous donne rien en vertu de nos mérites. Notre signature n'est pas valable mais plutôt celle de Jésus. Il nous répond, au nom de Jésus, afin que notre triomphe ajoute à sa gloire. Ph.2:9-11
3. Avouons-le: nous ne nous n'avons pas assez de respect pour Dieu en tant qu'associé. à Dieu. Ro.3:18
4. Lors même que Jésus a payé pour nous, nous ne retournons pas honnêtement à Dieu sa part légitime. Ainsi nous voulons avoir Dieu à notre service sans pour autant nous livrer à lui pour le servir. Mal.3:8-9

---

[33] Cosignataire n.m. Personne qui a signé avec une ou plusieurs autres

III. Dieu veut nous associer son Fils comme partenaire dans toutes nos transactions Un cosignataire possède en commun avec la personne qu'il supporte, le bien dont elle a la jouissance. Jésus, étant notre cosignataire, a donc sa part dans tout ce que Dieu nous donne. Dieu commencera par nous reprocher si nous trichons. Mal.3:8-9

1. Nous ne pouvons nous défaire du bien sans la permission du cosignataire Autrement, cette décision va nous coûter cher. Ainsi nous ne pouvons nous défaire de notre vie, de notre mariage, de nos biens meubles ou immeubles sans la volonté de Dieu, car Jésus en a sa part. Il a aussi sa part dans notre job, dans notre promotion, dans nos relations. Ainsi en tant qu'associé, il participe au sort de l'entreprise. Voilà pourquoi Il partage nos joies et nos peines dans nos affaires, dans notre mariage. Il partage nos succès et nos défaites et met tout en ordre. Nous avons raison de chanter: «Sans Jésus, je ne peux vivre, je n'ose faire un seul pas.» 1Co.6:19-20

2. Le jour où nous enlevons notre signature du bien, nous brisons notre contrat avec Dieu. C'est alors que Jésus dira: «Sans moi vous ne pouvez rien faire» ajoutons «rien de consistant et de valable. Jn.15:5c

3. Si vous croyez posséder une chose sans lui, sachez que cette chose vient du premier Adam. Elle est terrestre et périssable. Elle est de deuxième main. Jésus seul donne les choses de première main, «toute grâce excellente et tout don parfait». Ja.1:17

Conclusion: Mon ami, personne n'est monté au ciel si ce n'est Jésus, le Fils de l'homme qui est dans le ciel. Puisqu'il connaît tous les secrets du ciel et puisque Dieu a remis toutes choses entres ses mains, acceptons ses principes et adoptons-les pour notre plus grand bien. Jn.3:35

Questions

1. Ecrivez le verset du jour
2. Donnez la vraie réponse
    a. Un Grant Writer vous donne de l'argent des autres.
    b. Un Grant Writer fait un tirage à la Banque pour en donner à qui en veut.
    c. Un Grant Writer est quelqu'un qualifié pour écrire un projet et le soumettre à l'Organisation concernée.
3. Cochez les vraies réponses. «Enseigne-nous à prier» veut dire:
    a. Enseigne-nous à crier.
    b. Dites-nous comment prier pour être exaucé.
    c. Dicte-nous ce qu'il nous faut demander pour être sûr d'être agréé.
4. Choisissez les vraies réponses.
   Nous choisissons Jésus comme cosignataire
    a. Parce que nous n'avons aucun crédit auprès de Dieu.
    b. Nous ne savons pas ce qu'il nous convient de demander dans nos prières.
    c. Parce que Jésus a une très belle écriture.

5. Vrai ou faux
    a. Nos biens sont à nous et à Jésus aussi. __ V __ F
    b. Nous avons tous les droits sur nos biens sans Jésus. _V_F
    c. Notre signature est valable sans celle de Jésus. __V __ F
    d. Un mariage sans Jésus n'est pas un mariage.__ V__ F
    e. Une vie sans Jésus n'est pas une vie ___ V ___ F

Leçon 3
Le format de la vraie prière

Versets de base: Ge.22:8; 13-14; Ex.15:26; 17:15; 20:3; 34:29; Jg.6:24; Ps.133:2c; 136:25; Es.55:6-11; Je.23:6; Ha.2:1; Mt.6:9, 33; Jn.16:13; Ro.8:22; 1Co.9:16; 1Ti.2:3-4; 2Ti.4:1-2; Ja.1:17; 2Pi.3:13; Ap.6:9

Texte pour la classe: Es.55:6-11

Texte d'or: Cherchez l'Eternel pendant qu'il se trouve; Invoquez-le tandis qu'il est près. **Es.55:6**

Méthodes: Discours, comparaisons, discussion, questions

But : Montrer la façon de s'adresser à Dieu pour être exaucé.

Introduction

Le livre intitulé «Le parfait secrétaire» est un formulaire de correspondances destinées à des supérieurs et des subordonnés[34]. Mais un nom y manque: Celui de Dieu. Ainsi le chrétien choisit la bible comme son «Parfait secrétaire» puisque c'est là que Jésus nous donne le format d'une lettre officielle à adresser à sa Majesté, le Dieu souverain.

I. Comment nous présente t-il le format?

1. *Par une adresse à son Père qui est aux cieux*. Avec cela, il écarte automatiquement de sa pensée la présence de Joseph, d'un patron, d'un ami, d'un médecin, d'un grand chef ou d'un bailleur de fonds. Il voit «celui qui donne la nourriture à toute chair, le «Père des esprits, l'auteur de toutes choses, le spécialiste dans tous les cas impossibles, l'auteur de tout don

---

[34] Subordonné adj et n. Qui dépend d'un supérieur

parfait et de toute grâce excellente». Ps.136:25; Ge.1:1; Hé.12:9; Ja.1:17
2. *Par une adresse à son Père qu'il respecte et entend faire respecter.* Que ce nom donc ne soit pas pris en vain mais qu'il soit employé d'une manière appropriée. Ex.20:3; Mt.6:9 Ainsi dans notre relation avec Dieu ce nom est invoqué d'après nos besoins spécifiques. Dans nos prières nous l'invoquons sous le nom de:
   a. «Jéhovah-Shalom» pour notre paix. Jg.6:24
   b. «Jéhovah-Jire» pour les cas imprévus. Ge.22:13-14
   c. Jéhovah-Tsidkenu» pour nos besoins de justice. Je.23:6
   d. Jéhovah-Nissi» dans notre quête de victoire. Ex.17:8-15
   e. «Jehovah-Rapha» pour demander la guérison. Ex.15;26
   f. «Jéhovah-Schamma» pour aviser sa présence. Ez.48:35
3. *Par le souhait que son règne vienne.*
En principe, Dieu règne mais tous ne le reconnaissent pas. Ce règne viendra dans tout son éclat à l'avènement de Jésus-Christ. Le Père, le Fils et le Saint-Esprit, c'est-à-dire la Saint Trinité, aura un règne parfait au couronnement de Jésus comme Roi des rois et Seigneur des Seigneurs.
   a. Ce règne est attendu parce que les enfants de Dieu sur la planète terre souffrent «des douleurs de l'enfantement»[35]. Ils attendent tous une délivrance. Ro.8:22
   b. Ce règne est souhaité à cause des injustices et surtout l'immoralité légalisée sur la terre.
4. *Par le souhait que sa volonté soit faite dans toute l'étendue de sa puissance.* C'est une façon pour nous de reconnaitre la souveraineté de Dieu en toutes choses. Ainsi, nous déplorons la

---

[35] Douleurs de l'enfantement. Expression pour traduire les douleurs d'entrailles annonciatrice de délivrance.

rébellion de Satan. A notre tour, nous allons faire de notre mieux pour ne pas l'imiter. Nous décidons avec nous-mêmes d'obéir à Dieu en toutes choses même sans comprendre.

II. En quoi donc consiste sa volonté?
   a. Dans le règne du Saint-Esprit pour nous conduire dans toute la vérité. Jn.16: 13
   b. Dans le salut de tous les hommes par l'Evangile. 1Ti.2:3-4
   c. Dans l'évangélisation par tous les moyens, en tout temps et en tous lieux pour les sauver. 1Co.9:16; 2Ti.4:1-2
   d. Dans l'établissement futur de nouveaux cieux et une nouvelle terre où la justice habitera. 2Pi.3:13

Cette première partie de la prière du Seigneur garde nos yeux fixés vers le ciel, vers le Père qui est aux cieux.
   a. Pour nous permettre de donner la priorité aux choses spirituelles. Mt.6:33
   b. Pour éliminer autour de nous toutes formes de distraction et augmenter notre foi. Ps.133:2c
   c. Pour nous remplir de joie et de santé spirituelle comme Moise sur le Sinaï. Ex. 34:29; Ps.34: 6
   d. Pour mieux entendre la voix de Dieu quand il nous parle. Ha. 2: 1
   e. Pour conserver en nous une attitude de louange à son Père.

Conclusion

Puisque louer Dieu était la priorité du Seigneur, soyons intelligents pour rechercher ce qui intéresse Dieu; ainsi il portera attention à ce qui nous intéresse.

Questions

1. Ecrivez le verset du jour
2. Trouvez la vraie réponse:
   Pour savoir comment parler à Dieu, il faut lire
   a. Le parfait secrétaire
   b. Le petit Albert
   c. La Bible
3. Trouvez les vraies réponses:
   Les noms de Dieu dans sa relation avec nous sont:
   ____ Jéhovah-Jiré ____ Témoin de Jéhovah ____ Jéhovah Shalom ____ Jéhovah Rapha ____ Jéhovah Nissi ____ ____ Jéhovah Sidkenu ____ Jéhovah Schamma
4. Indiquez chaque vraie réponse: La volonté de Dieu consiste
   a. A venir à l'église le dimanche seulement.
   b. A l'adorer en esprit et en vérité.
   c. A crier jour et nuit devant sa face.
   d. A prêcher l'évangile aux inconvertis

Leçon 4
Le format de la vraie prière. (Suite)

Versets de base: Ge.1:12, 21; No.20:7-13; De.8:10-20; Ps.14:1; 34:6; 104:20-21; Es.44:24-25; Ez.33:33; Mt.6:13-15; Mc.6:30-31; Jn.9:4; 1Co.6:19-20; 13: 1-7; Col.3:13
Texte pour la classe: Col.3:1-3
Texte d'or: Si donc vous êtes ressuscités avec Christ, cherchez les choses d'en haut, où Christ est assis à la droite de Dieu. **Col.3:3**
Méthodes: Discours, comparaisons, discussion, questions
But: Montrer la bonté d'un Dieu prévoyant.

Introduction
J'ai une question: D'après vous, pourquoi Jésus demande t-il pour que nous prions en tournant nos regards vers le ciel? Citons 4 grandes raisons:

I. D'abord, L'homme est matérialiste par nature.
1. Dans l'abondance, il peut facilement oublier et croire que les choses lui sont venues par hasard. De8:10;Ez.33:33
2. Il peut attribuer ses richesses à un saint patron ou à lui-même et que Dieu n'y est pour rien. De.8:19
3. Il peut aussi croire que Dieu n'a rien à voir avec sa vie ici-bas. Ps.14:1
4. Il oublie que le regard vers la terre donne le vertige tandis que le regard vers le ciel apporte l'espoir. Ps.34:6

II. Puis, Jésus connait nos vrais besoins physiologiques
1. **La nourriture proprement dite**: Dieu en a mis sur toute la terre et nous pouvons en manger suivant nos préférences pour l'entretien de notre santé. Ge.1:12, 21

2. **Le repos physique obligatoire.** La nuit vient où personne ne peut travailler. Jn.9:4 En ce temps-là, seules les bêtes sauvages travaillaient le soir tandis que les hommes devaient dormir. Ainsi un moment de répit[36] est recommandé après des heures de travail. Ps.104:20-21, 30-31
3. Jésus prend seulement sept mots pour adresser nos besoins matériels car «Notre Père qui est aux cieux» les connait d'avance. Mt.6:31-32
    a. Ces choses sont déjà à notre portée. Il nous suffit de les lui demander pour les avoir. Paul nous conseille de chercher les choses d'en haut et de laisser aux païens le temps de paniquer pour les choses d'ici-bas. Mt.6:32; Col.3:1-2
    b. Dans ces choses il faut inclure le travail salarié pour nous permettre de payer nos redevances.

III. Ensuite, Jésus connait les besoins de notre âme.
1. Nous avons besoin de pardon pour notre âme.
   Pour vivre dans la paix, la joie et l'amour. Col.3:13
2. Nous avons besoin de pardonner aux autres
    a. Car notre Père nous l'a demandé.
    b. C'est sa condition pour qu'il nous pardonne à notre tour. Mt.6:15
3. Nous avons besoin de montrer l'amour qui croit tout et supporte tout. 1Co.13:7

---

[36] Attribuer. V. i. Considérer quelqu'un comme auteur, quelque chose comme cause

IV. **Enfin, nous avons besoin de Dieu pour nous garder de succomber à la tentation.**
   1. La tentation de devenir orgueilleux, d'oublier Dieu, notre prochain, notre pasteur, nos conducteurs. De.8:10-17; 12:19
   2. La tentation de mal gérer notre temps, notre argent, nos émotions.1Co.6:19
   3. La tentation d'attribuer[37] au malin les miracles de Dieu. Es.44:24-2; Mt.12:24

V. **Nous avons besoin d'avoir Dieu au commencement et à la fin de toutes choses.**
Notre prier doit commencer et doit s'achever avec la louange à Dieu. Mt.6:13
   a. Pour forcer sa reconnaissance
   b. Pour éviter de frapper avec colère le rocher de délivrance car la vanne de grâce abondante est déjà ouverte à la croix du calvaire.

Conclusion: Dieu peut programmer notre vie avec l'insuccès, les contrariétés, la maladie, des pertes, des accidents de toutes sortes pour nous obliger à nous repentir avec des larmes aux yeux. Retenez-le «Il est notre Père qui est aux cieux.

---

[37] Répit n.m. Arrêt momentané

Questions

1. Ecrivez le verset du jour
2. Trouvez la vraie réponse:
    a. L'homme est communiste par nature.
    b. L'homme est matérialiste par nature.
    c. L'homme est ébéniste par nature.
3. Cochez la bonne réponse:
   Quand Dieu répond à sa prière, l'homme peut réagir ainsi:
    a. Ca me vient par hasard.
    b. C'est l'œuvre de mes dieux
    c. Il peut oublier Dieu dans son temps d'abondance.
    d. Il peut se vanter d'avoir eu tout avec son argent. Il ne doit rien à Dieu.
    e. Il peut louer Dieu.
4. Donnez la vraie réponse
    a. Dieu ne veut pas que nous travaillions le soir.
    b. Dieu veut que nous travaillions 16 heures par jour pour payer nos dettes.
    c. Dieu veut que nous ayons une arme pour tuer les bêtes chaque soir et aller travailler.
5. Quand nous prions, Jésus veut trois choses en nous. Marquez-les:
    a. Que nous regardions à coté pour voir la bénédiction du voisin.
    b. Que nous donnions gloire à son Père.
    c. Que nous regardions par derrière pour voir nos péchés.
    d. Que nous nous humilions devant sa face.
    e. Que nous regardions au ciel pour parler au Père.

6. Jésus veut que nous pardonnions aux autres. Donnez-en les raisons:
   a. Pour ressembler à son Père.
   b. Pour avoir la paix du cœur.
   c. Pour dormir en paix.
   d. Pour que le Père nous pardonne aussi.
   e. Tous les quatre.
7. Vrai ou faux
   a. Jésus a sa part dans nos bénédictions. __ V __ F
   b. En recevant les bénédictions on peut facilement oublier le prochain. __ V __ F
   c. Terminer la prière avec la louange au Père, est une perte de temps. __ V __ F
   d. En terminant la prière avec la louange au Père, on devient agréable à Dieu. __ V __ F
   e. Si nous ne lui donnons pas gloire, il va nous exaucer à moitié. __ V __ F
   f. La prière n'est pas nécessaire; ce qui doit arriver arrivera. __ V __ F

Leçon 5
La nécessité d'avoir un compagnon de prière

Versets de base: Ge.2:18; Mt.18:20; Lu.11:1; Ep.5:18-21; Ph.2:3; 2Ti.2:22; Ja.5:16
Texte pour la classe: Ep.5:18-21
Texte d'or: Entretenez-vous par des psaumes, par des hymnes et par des cantiques spirituels, chantant et célébrant de tout votre cœur les louanges du Seigneur. **Ep.5:19**
Méthodes: Discours, comparaisons, discussion, questions
But: Montrer comment Jésus aime l'association

Introduction
Est-il besoin de communiquer ses problèmes à des tiers? N'est-ce pas une façon de s'exposer ou de s'avilir? Pour être plus clair, allons à la Bible.

I. Il n'est pas bon que l'homme soit seul. Ge.2:18
1. La joie comme la douleur ont besoin d'être partagées. Et parfois même des secrets.
2. Raconter ses problèmes à quelqu'un n'a pas toujours pour but de trouver chez lui la solution, mais «Du choc des idées jaillit la lumière, dit-on».
3. L'expérience vécue d'un autre peut nous rendre la route plus facile. L'élément qui nous manque peut être trouvé chez un autre.

II. Il est avantageux d'avoir un compagnon de prière.
1. Jésus l'encourage au point que «quand deux au moins sont unis en son nom, il est « le premier.» Mt.18:20

2. On évite au possible de se distraire et de divaguer. On pourra alors se concentrer plus facilement sur un but spécifique. Ep.5:18-21
3. On pourra se confesser l'un à l'autre en vue de se préparer à la prière. Ja.5:16
4. Quand Dieu répond, la foi de tous peut s'augmenter et la vaine gloire perd sa place. Ph.2:3
5. On devra néanmoins choisir son compagnon, car c'est une imprudence que de se confier à n'importe qui. 2Ti.2:22
6. La façon de prier de votre compagnon peut bien vous inspirer. Lu.11:1

Conclusion:
Si Jésus avait des compagnons de prière, pourquoi pas vous? Allons donc, mes bien-aimés, ne restez pas seul.

Questions

1. Ecrivez le verset du jour
2. Trouvez les vraies réponses:
    a. Un compagnon de prière nous aide à blaguer.
    b. Il nous aide à mieux nous concentrer pour prier.
    c. Un bon compagnon de prière peut nous inspirer.
3. La bible dit: «Il n'est pas bon d'être seul». Trouvez la vraie réponse:
    a. Je peux me confier à n'importe qui.
    b. Je peux choisir mon compagnon de prière.
    c. Je laisse à Dieu le soin de me le choisir.
    d. Je n'ai pas besoin d'en avoir.
4. Vrai ou faux
    a. Je peux prier en m'occupant en même temps de mes affaires. _ V _ F
    b. A défaut d'un compagnon de prière, on peut mettre devant soi une image taillée ou une statue. _ V _ F
    c. Quand on prie, on doit se concentrer sur Dieu. _ V _ F
    d. Dieu entend la prière d'un cœur sincère. _ V _ F
    e. Si on n'a pas le temps de prier on peut payer à quelqu'un pour le faire. _ V _ F

Leçon 6
La mystique[38] de la prière

Versets de base: Ge.1.11-12; Jg.3:8-9; 7:8; 8:10; 1S.17:34-37; Ps.34:1-6; Es.1:6; 55:1-7; Da.1:19-20; Mt.7:7; Mc.1:35; 10:53; Lu.11:9; Jn.3:16; Ac.2:40-43; 2Co.5:14; 10:4; Hé.11:1-6; 1Pi.1:22;
Texte pour la classe: 2Co.10:1-5
Texte d'or: Car les armes avec lesquelles nous combattons ne sont pas charnelles; mais elles sont puissantes, par la vertu de Dieu, pour renverser des forteresses. **2Co.10:4**
Méthodes: Discours, comparaisons, discussion, questions
But: Présenter la prière comme une clé médiane[39] pour ouvrir toutes les portes.

Introduction
Un résultat dans quelque soit le domaine, ne peut se produire sans l'obéissance à certaines conditions. Vous attendez certes une réponse à vos prières? Dans ce cas, il vous faut savoir à qui vous aviez adressé votre prière et quelle était la nature de votre demande.

I. Il vous faut prier Dieu.
1. D'abord, Dieu l'exige. Si par tempérament, vous décidez de ne pas demander service à personne, là, il vous faut déchanter[40]. Jésus avait prié, pourquoi pas vous? Mc.1;35; Jn.6;15

---

[38] Mystique. N.m. Croyance absolue qui se fait autour d'une idée, d'une personne.
[39] Médiane. Adj. Qui se trouve au milieu.
[40] Déchanter v. i. Etre déçu, avoir perdu ses illusions.

2. Puis, la prière est une force qui a son premier principe en Dieu lui-même. L'homme ne l'a pas inventée. Dieu nous la donne comme un secret pour l'atteindre: Mt.7:7
3. Ensuite, Dieu est immuable, inflexible. La prière est le moyen de l'approcher. Plus nous prions plus nous sommes convaincus qu'il existe. Et il est le rémunérateur[41] de ceux qui le cherchent. Hé.11:6
4. Enfin, c'est dans la prière qu'il nous montre sa miséricorde. Et nous ne pouvons conclure que si nous ne prions pas, la chose va arriver quand même. Autant dire si nous ne plantons pas, nous allons récolter quand même. Allons! Christ avait dit: «Demandez et vous recevrez» Lu.11:9

II. Comment répond-il aux prières?

C'est simplement par un décret providentiel qu'il prévoit la manière dont les événements et les choses arrivent, les causes qui doivent les produire et cela dans tous les ordres physique, intellectuel et moral. Quand nous considérons la nature de nos demandes, nous voyons que Dieu nous répond d'abord selon sa volonté souveraine, selon sa miséricorde et enfin selon nos besoins.

Exemples:

a. Pour les moissons matérielles, il a préparé la semence. Ge.1:11-12

b. Pour féconder une terre desséchée, il a voulu d'une pluie abondante. Es.55:7

c. Pour une victoire qui serait le salut d'un peuple, il a suscité un grand chef d'armée. Jg.3:8-9

d. Pour donner au monde un homme de génie, il a préparé une intelligence supérieure, servie par un cerveau mieux fait, par une hérédité spéciale, par un milieu intellectuel privilégié. Da.1:19-21

e. Pour régénérer le monde aux périodes les plus troublées, il a décidé qu'il y aurait des hommes de Dieu à haute puissance morale et spirituelle. Es.1:1; 1Pi.1:22

f. Et pour sauver l'humanité, dès les temps immémoriaux[42], la divine Providence avait préparé la venue de Jésus-Christ. Jn.3:16

III. Quel sont les effets de la prière?

La prière agit comme un missile balistique[43] Elle est puissante, par la vertu du Saint-Esprit, pour renverser des forteresses. 2Co.10:4

Dès que Dieu répond à notre prière, il engendre automatiquement chez nous

1. *Une foi plus vive.* Nous réalisons qu'il est tout près de nous. Gédéon n'avait pas peur d'affronter 120,000 philistins avec 300 soldats après les réponses de Dieu à ses prières. Jg.7:8; 8:10. David fonça sur Goliath avec la même ardeur qu'il avait eu pour terrasser des lions. 1S.17:34-37

2. *Une espérance plus confiante.* Nous sommes à l'aise pour revenir à lui sans peur. «Quand on tourne vers lui les regards, on est rayonnant de joie». Ps.34:6

---

[42] Immémoriaux. Adj. Qui remonte à la plus haute antiquité. Très éloigné dans le passé

[43] Missile balistique. n. m. Projectile faisant partie d'un système d'arme à charge militaire classique ou nucléaire, doté d'un système de propulsion automatique guidé sur tout ou partie de sa trajectoire par autoguidage ou téléguidage.

3. *Une charité plus ardente.* Nous sommes plus disposés à servir le prochain. «L'amour de Christ nous presse», dit Paul. 2Co.5:14
4. *Une plus grande fidélité à notre vocation.* Nous sommes plus disposés à le servir. Voyez Bartimée: aussitôt qu'il recouvra la vue, il suivit Jésus dans le chemin. Mc.10:53
5. *Un esprit de louange et une grande crainte de Dieu.* C'était l'attitude des apôtres et des 3000 judéo-chrétiens après le miracle leur conversion.
Ac.2:43; 3:8

Conclusion

La prière est le «remote control»[44] que Dieu lui-même a mis à notre disposition pour mettre son cœur en mouvement. Soyons sûrs de remplir les conditions pour son fonctionnement en notre faveur.

---

[44] Remote control. Angl. Petite commande électronique pour actionner un appareil de grande dimension.

Questions

1. Ecrivez le verset du jour.
2. Trouvez les vraies réponses.
   a. La prière est une invention de l'homme.
   b. La prière vient d'en haut.
   c. La réponse aux prières vient d'en haut.
   d. La prière n'est pas nécessaire.
3. Choisissez les vraies réponses: Dieu répond aux prières
   a. Suivant sa volonté
   b. Selon sa miséricorde
   c. Selon nos besoins
   d. Suivant les temps et les circonstances
4. Sélectionnez les vraies réponses
   a. La réponse aux prières engendre chez nous plus de foi, plus de crainte.
   b. Lorsque Dieu tarde à répondre, il nous prépare une plus grande surprise.
   c. On n'a qu'à acheter un missile au lieu de prier.
   d. Seuls les pauvres ont besoin de prier.
   e. Chanter c'est prier deux fois quand le chant est spirituel.

Leçon 7
La qualité de la prière

Versets de base: Ps.123:2; Mt.5:34-35; 15:22, 28; Lu.18:1-8, 23; 2Co.12:1-10; Hé.12:1-12; Ap.5:8
Texte pour la classe: Lu.18:1-8
Texte d'or: Ainsi nos yeux se tournent vers l'Eternel, notre Dieu, jusqu'à ce qu'il ait pitié de nous. **Ps.123:2c**
Méthodes: Discours, comparaisons, discussion, questions
But : Présenter le style de prière à laquelle Dieu répond.

Introduction
Si la prière est une communication du visible avec l'invisible, si la prière est une émanation de l'âme vers Dieu, si la prière est la respiration même de l'âme, je suis curieux de voir qui prie et comment celui qui prie formule sa demande.

Explication :
Pour que Dieu réponde à une prière, il faut la participation du corps, de l'âme et de l'esprit dans la relation du fini avec l'infini. Notre être tout entier doit entrer en communication avec Dieu. Pour Jésus, la prière était prise comme un travail.

I. Caractéristiques de la prière. Elle doit être
1. *Fervente*[45]: Le cœur doit y être tout entier. Et les paroles formulées doivent traduire l'attitude de ce cœur, s'il faut nous référer au cas de la veuve devant le juge inique. Lu.18:1-8.

---

[45] Fervente. Adj. Ardente, passionnante.
Unidirectionnelle adj. Qui s'exerce dans une seule direction

2. *Unidirectionnelle*[46]. Ainsi elle doit s'adresser à Dieu sans distraction ni verbiages inutiles. Ps.123:2
3. *Persévérante*. On doit insister auprès de Dieu avec la certitude qu'il va répondre non pas à nos phrases plus ou moins bien articulées, mais à notre angoisse manifestée dans l'attitude de notre cœur. Il semblait qu'Il n'allait pas exaucer la femme cananéenne. A la fin, il a récompensé sa foi et lui fit compliment en ces termes: «Ta foi est grande!» Mt.15:28
4. *Humble*: On doit se rappeler que le ciel est le trône de Dieu et la terre son marchepied. Si vous avez droit seulement au marchepied de quelqu'un, et si ce quelqu'un est le roi des rois, vous devez vous limiter à y répandre vos larmes sans vous vanter de quoi que ce soit. Le cœur doit être contrit et brisé. Pas de «Quant-à-moi». Mt.5:34-35;Lu.18:23
5. *Confiante*. Soulignons ici l'insistance de la femme cananéenne en quête de délivrance pour sa fille. Elle répondit: «Pourtant, Seigneur, les petits chiens mangent les miettes qui tombent de la table de leur maître»–«O femme, dit Jésus, ta foi est grande, qu'il te soit fait selon ce que tu demandes»; et sa fille, qui était tourmentée par le démon, fut désormais délivrée. Mt. 15:22

II. Objections à ces caractéristiques.
1. Dieu peut nous priver **momentanément** de certains des composants du pain quotidien. C'est là une de ses méthodes pour éprouver notre foi. Hé.12: 1-12
2. Dieu peut nous donner **exactement le contraire** de ce que nous demandons à une époque de notre vie où seule la

---

[46] Unidirectionnelle adj. Qui s'exerce dans une seule direction

souffrance peut nous corriger et nous détacher de l'amour des choses matérielles. Par exemple:
- a. Au moment ou nous prions pour avoir un cœur humble, Dieu peut nous envoyer quelqu'un pour nous humilier. Au moment où nous lui demandons de nous donner l'esprit de pardon, quelqu'un nous heurte profondément. Le pardon envers notre offenseur constitue la réponse de Dieu à cette prière.
- b. Quand nous prions pour avoir l'esprit de pardon Dieu nous met en face d'un confrère, d'un ange de Satan pour nous souffleter. Le jour où nous pardonnons à celui qui nous avait offensés, notre prière est exaucée. Que les réponses aux prières pour les choses matérielles sont différentes!

Rappelons-nous bien que pour voler, l'avion a besoin de vent contraire. Pour aller plus près de Dieu, nous avons besoin d'adversité.

3. Dieu peut décider de nous priver pour *longtemps* de certains bienfaits et nous demander de nous contenter avec cette seule phrase: «Ma grâce te suffit.» 2Co.12:9 Pour vous surtout, il sait que tel bien une fois acquis, votre persévérance va patiner et pourra vous conduire à la chute. Aussi vous en prive-t-il pour sa gloire.

Conclusion:
La prière est un secret qui vient de Dieu. Elle doit remonter à Dieu. Il la chérit et la reçoit comme un parfum qu'il conserve avec soin. Ap.5:8 Prions Dieu.

Questions

1. Ecrivez le verset du jour
2. Trouvez les vraies réponses
   La prière doit être __ unidirectionnelle __ longue __ fervente __ courte
3. Trouvez les vraies réponses:
   Dieu peut vous dire __ non ___ attendez___ oui __ Cessez de m'importuner
4. Complétez cette phrase:
   a. Pour voler l'avion a besoin _____
   b. Jésus dit à la femme cananéenne «ta foi est _____
5. Trouvez les vraies réponses:
   a. La prière est un secret qui vient de Dieu.
   b. Dieu donne à Saint Pierre le droit de répondre à certaines prières.
   c. La prière doit remonter à Dieu.
   d. Il faut l'autorisation du pape pour la réponse à certaines prières.
   e. Dieu conserve nos prières comme un parfum.

Leçon 8
Le rôle du Saint-Esprit dans la prière

Versets de base: De.3:26; Es.60:1-22; 2 R.22:19; Ps.145:18; La.3:26; Mt.6:7; Lu.18:1-14; Jn.9:31; 14:1-14; Ro.8:26; Ep.3:20; Ph.4:6-7; Hé.1:1-2; Ja.1:6-8;

Texte pour la classe: Ro.8:26-28

Texte d'or: De même aussi, l'Esprit nous aide dans notre faiblesse, car nous ne savons pas ce qu'il convient de demander dans nos prières. Mais l'Esprit lui-même intercède par des soupirs inexprimables. **Ro.8:26**

Méthodes: Discours, comparaisons, discussion, questions

But: Montrer que la prière est un instrument de Dieu mis à notre service pour communiquer avec lui.

Introduction

Tous les peuples prient. Tous s'expriment dans une langue intelligible à eux-mêmes. Comment Dieu va-t-il faire pour satisfaire aux correspondances dans toutes les langues? Voilà où commence l'œuvre du Saint-Esprit.

I. Le triage des correspondances.

1. Les prières faites au nom des esprits, des saints patrons son rejetées. C'est l'idolâtrie. Dieu d'ailleurs n'exauce point les pécheurs. Jn.9:31
2. Les prières faites sans la signature de Jésus sont nulles et de nullité radicale. Elles sont considérées comme des lettres anonymes. Jn.14:6, 14
3. Les litanies, les vaines redites ne sont pas acceptées. Mt.6:7
4. Seules sont acceptées les prières de confession, les prières de repentance, les prières faites avec foi, esprit de pardon et de réconciliation. Lu.18: 13-14

II. **La traduction des correspondances.**
1. Les prières arrivent à Dieu dans la forme de nos langues, de nos sentiments, dans la dimension de notre compréhension de nos besoins. Ph. 4:6-7
2. Dieu va les voir d'après notre cœur, d'après notre sincérité, d'après notre relation à son Fils Jésus-Christ, l'héritier de toutes choses. Hé.1:1-2
3. La longueur des prières ne compte pas. Le ton de la voix *en mi mineur ou en fa majeur* ne compte pas mais la mesure de notre foi. Ja.1:6-8
4. Le Saint-Esprit va les interpréter et les présenter *suivant le code admis dans le royaume du Père.* Prenons un ordinateur: Les caractères que nous frappons sur le clavier pour exprimer nos idées, apparaissent sur l'écran du moniteur dans le langage de notre choix. Au sein de l'ordinateur vous avez le processeur, (Central Processor Unit). C'est le cerveau de l'appareil d'information. Il ne comprend pas notre alphabet. Il ne comprend que le langage binaire. Il va traduire notre pensée dans ce langage que seul il comprend. Il nous délivre néanmoins sur l'imprimante les données dactylographiées sans en rien changer.

Ainsi notre Processeur ou CPU céleste est Le Saint-Esprit. Son rôle est d'interpréter nos prières. Il intercède pour nous par des soupirs inexprimables car nous ne savons pas dans quel format adresser nos requêtes pour les rendre acceptables. La réponse qui nous vient est une *expression* de nos demandes, *«the print out of our request»*. *Cependant elle s'inspire de Dieu lui-même car nous ne savons pas ce qu'il nous convient de demander dans nos prières*. Ro.8:26

III. La réponse aux correspondances.
1. Dieu nous répond à cause de la réputation de son Fils. Jn.14:13
2. Dieu nous répond selon son amour et sa miséricorde. Ps.25:7
3. Dieu nous répond selon nos besoins et parfois au-delà de ce que nous demandons ou pensons. Ep.3:20
4. Dieu peut se taire pour éprouver notre foi. Il peut nous donner une autre chose pour tromper notre attente. Es.60:22b; La.3:26
5. Dieu peut dire non. De.3:26
   Ce qui importe c'est de lui faire confiance car il ne peut faire le mal ni nous mépriser. 2R.22:19

Conclusion
L'Eternel est près de ceux qui l'invoquent avec sincérité. Ps.145:18 Soyons sincère.

Questions

1. Ecrivez le verset du jour.
2. Dites quelle langue que Dieu ne comprend pas.
   a. __ Le créole __ le grec __ L'allemand __ Le Russe
   b. __ Dieu comprend toutes les langues.
3. Donnez la vraie réponse:
   a. La prière vient de l'Église.
   b. La prière vient du diable.
   c. La prière vient de Dieu.

4. Donnez la vraie réponse:
   a. Dieu répond à nos prières d'après notre âge.
   b. Dieu répond à nos prières si nous avons accès à l'internet.
   c. Dieu répond aux prières faites avec foi, au nom de Jésus.
   d. Dieu envoie nos réponses par UPS ou par la poste.
5. Donnez la vraie réponse. Le Saint-Esprit est notre interprète
   a. Dieu nous répond à cause de la réputation de son Fils.
   b. Dieu nous répond selon son amour et sa miséricorde.
   c. Dieu nous répond selon nos besoins.
   d. Dieu peut nous donner au delà de ce que nous demandons ou pensons.
   e. Tous les quatre.

Leçon 9
Des définitions de la Prière

Versets de base: Ex.34:29; 1R.8:27; 2R.2:11; 2Ch.7:14; 32:7; Job.36:26; Ps.34:7; 42:2; 81:11b; 133:2; Pr.16:7; Es.65:24; La.3:22; Da.10:7-9; Mt.17:2, 20; Lu.17:5; Ja.1:17
Texte pour la classe: Ja.1:13-18
Texte d'or: Faites en tout temps par l'Esprit, toutes sortes de prières et de supplications. Veillez à cela avec une entière persévérance, et priez pour tous les saints. **Ep.6:18**
Méthodes: Discours, comparaisons, discussion, questions
But: Présenter la prière sous différents aspects.

Introduction
Chrétiens, vous n'êtes pas les seuls à prier. Les peuples païens adorent leurs dieux et les prient à leur manière. Ils persistent à les servir suivant leurs intérêts. Mais pour vous, comment comprenez-vous la prière?

1. **C'est un mode de relation de l'homme avec le grand invisible, Dieu.**
   1. On ne peut voir sa face et vivre. Il habite une lumière inaccessible que nul homme n'a vu ni ne peut voir. A force de rester en sa présence, on peut être illuminé comme Moise, Daniel, Elie et Jésus. Ex.34:29; Da.10:7-9; 2R.2:11; Mt.17:2
   2. Sa grandeur nous échappe. et même les cieux des cieux, c'est-à-dire les univers ne peuvent le contenir. 1R.8:27; Job 36:26
   3. Il demande à son peuple de le prier en respectant le protocole qu'il leur prescrit afin d'être exaucé. 2Ch.7:14

II. **C'est une source d'approvisionnement.**
   1. Les bontés de l'Eternel ne sont pas épuisées. La.3:22
   2. Ses compassions ne sont pas à leurs termes. La.3:22
   3. Toute grâce excellente et tout don parfait descendent d'en haut. Ja.1:17

   a. **C'est un télégramme, un SOS (Save Our Soul)**
   On crie à Dieu. Pas le temps de faire des phrases. A ce moment Dieu répond plutôt à une urgence. Ps.34:7. A ce moment précis, tandis que notre télégramme monte vers Dieu, notre délivrance est déjà à notre disposition sans nous en rendre compte parfois. Es.65:24

   b. **Un état**
   1. La prière n'a pas besoin d'être exprimée en tout temps avec des paroles. Quand on pense Dieu, on rêve Dieu. A ce stade de relation, nos actions, nos paroles, nos soupirs, nos pleurs, nos sourires, nos bras levés vers le ciel peuvent être la traduction de notre état d'âme devant le Dieu qui sait tout. Tel fut le cas d'Anne à Silo. 1S.1:13
   2. Cet état d'âme est plus que la prière, c'est un état de prière. C'est dans ces moments d'extase[47], de contemplation qu'on ressent le tressaillement de l'Esprit et qu'on peut être illuminé[48]. Moise par exemple au mont Sinaï. Ex.34:29

---

[47] Extase n.f. Etat d'une personne qui se trouve comme transportée hors du monde sensible par l'intensité d'un sentiment mystique. Vive admiration.
[48] Illuminer v.t. Eclairer d'une vive lumière.

c. **Une arme à bout portant**
1. Dans cet état de prière, Dieu peut nous rendre invisible aux yeux de nos ennemis.
2. Il peut forcer les autorités à signer votre papier, à examiner favorablement votre dossier, à donner priorité à votre application au milieu de plusieurs. Dieu peut fermer les portes des prisons, désarmer l'adversaire, désarmer Satan. Rien ne vous sera impossible. Qu'ils s'appellent pharaon ou le chef du roi de Perse, ils doivent céder devant L'Eternel. Ex.12:31-32; Da.10:13; Mt.17:20
3. Il peut utiliser ses ennemis pour vous servir. Pr.16:7
4.

d. **Un besoin de l'âme**.
Mon âme a soif de toi ô Dieu, dit le psalmiste. Ps.42:3
Comme la biche soupire après un courant d'eau ainsi mon âme soupire après toi ô Dieu, dit David. La biche est ce cabri sauvage; quand elle a soif, elle commence à crier en courant depuis son repaire jusqu'à la source. Ps.42:2

e. **Un abandon au pouvoir d'En Haut.**
1. Il arrive un point dans la prière où l'on devient muet. On regarde à Dieu comme la servante avec les yeux fixés sur la main de sa maitresse jusqu'à ce qu'Il nous réponde. Ps.133:2
2. On n'est pas lié au pouvoir terrestre et l'on n'est pas intimidé par les contrariétés ni les menaces. 2Ch.32:7
3. Ces genres de prières montent par une seule antenne: **la foi**. Plus cette antenne est allongée vers le ciel, plus les réponses de Dieu volent vers nous avec vitesse. Mt.17:20; Lu.17:5

Conclusion

Chers bien-aimés, si Dieu ne vous répond pas tout de suite, louez quand même son saint nom. Son silence est une école préparatoire aux bénédictions à recevoir. Autrement, une fois béni, vous allez abandonner l'Évangile. Priez et priez bien. Si vous ne savez pas prier, venez à lui, il mettra les mots dans votre bouche. Ps.81:11b

Questions

1. Ecrivez le verset du jour
2. Cochez les vraies réponses.
    a. Dieu est invisible et présent.
    b. Dieu habite une lumière inaccessible.
    c. Dieu habite dans des ampoules de 1,000 watt.
    d. Dieu se rend seulement accessible par la prière et la louange.
    e. On peut être illuminé si on reste pour longtemps dans la présence de Dieu.
3. Cochez la vraie réponse.
    a. La bonté de l'Eternel peut être épuisée.
    b. Dieu peut se décourager.
    c. Toute grâce excellente et tout don parfait descendent de Dieu.
4. Donnez la réponse convenable.
    a. La prière peut être une supplication ou un télégramme à Dieu.
    b. La prière doit être faite seulement dans sa chambre à coucher.
    c. Il faut une lettre recommandée à Dieu pour obtenir une réponse.
5. Donnez la meilleure réponse. Un état de prière
    a. C'est un Etat des Etats-Unis.
    b. C'est la communion de l'âme à son Dieu.
    c. C'est une arme puissance pour vaincre Satan.

6. Vrai ou faux
    a. Si vous ne savez pas prier, procurez-vous d'un livret de prière.
    b. Ou bien achetez une biche pour qu'elle vous apprenne à crier.
    c. Dieu n'est pas mesurable
    d. La prière peut nous rendre invisible aux yeux des ennemis.

Leçon 10
La prière de la foi

Versets de base: Ge.2:16; Lu.18:41; Jn.16:24; Ro.8:1; 2Co.5:7; Col.1:15
Texte pour la classe. Lu.18:1-8
Texte d'or: Mais, quand le Fils de l'homme viendra trouvera-t-il la foi sur la terre? **Lu.18:8**
Méthodes: Discours, comparaisons, discussion, questions
But: Montrer les conditions requises pour une bonne prière.

Introduction
Certaines prières ne dépassent pas la rampe[49] de notre petite vie, encore moins le plafond de nos aspirations. Pourquoi?

I. La prière doit être faite avec foi. Quand Adam vivait dans l'état d'innocence, le paradis était sur terre. Après son péché, le paradis ne fut plus sur terre; il est au ciel avec Jésus, le second Adam. *Avec le premier Adam, nous n'avions pas besoin d'exercer la foi mais plutôt la vue*. Adam ne savait même pas prier parce que tous ses besoins étaient satisfaits et tout était à sa portée. Ge.2:16. *Quant à nous, nous marchons par la foi et non par la vue.* 2Co.5:7 La foi regarde en haut et non à coté ou en bas, encore moins en arrière.

II. La prière doit avoir un but précis.
   1. Elle doit participer dans le vécu[50] de l'homme. Ainsi on doit éviter de prier dans le vide.

---

[49] Passer la rampe (Théâtre) Atteindre le public; produire un effet.
[50] Vécu n.m. Ensemble des faits, des événements de la vie réelle.

2. Elle doit être plus pratique que théorique. Voilà pourquoi les vrais chrétiens prient suivant l'inspiration et non d'après un formulaire de prière ou une liturgie[51]. Est-ce à dire que nous ne lisons pas les psaumes? Oui, mais nous ne nous arrêtons pas là. Les psaumes nous inspirent mais nous nous adressons à Dieu d'après nos besoins.
3. Notre demande doit être claire, précise quelque soit sa nature ou son ampleur[52]. L'aveugle Bartimée dit: «Seigneur, que je recouvre la vue!» Lu.18:41

III. Elle doit être faite au nom de Jésus.
1. **Parce que tout a été créé par lui et pour lui.** Col.1:15
2. **Parce qu'il est accessible partout.** Nous pouvons être n'importe où et communiquer avec quelqu'un à partir de notre portable. Cependant, quand nous composons un numéro ou quand nous recevons un appel, les numéros combinés passent par une base qui permet à la compagnie de nous facturer. Cette base est reliée à un satellite[53] en station dans l'espace. C'est ici une image de la communication avec Dieu dans la prière.
3. **Parce que le Dieu omniscient est notre satellite.** La base pour recevoir nos prières et nous facturer[54] est la croix du Calvaire. Mais Jésus a déjà payé tous les appels à longue distance *vers Dieu* au prix de son sang pour tous les pécheurs. Ainsi il n'y a aucune dette à solder[55], aucune

---

[51] Liturgie n. f. Ensemble des règles fixant le déroulement des actes du culte
[52] Ample n. f. Large, étendu
[53] Satellite n.m. Corps en mouvement orbital autour d'une planète
[54] Facturer v. t. Faire payer quelque chose à quelqu'un.
[55] Solder v. t. Acquitter une dette, régler un compte.

condamnation pour les fidèles abonnés de Jésus-Christ. Ro.8:1
4. **Parce qu'Il peut tout donner**, même ce que nous prenons pour impossible. Après trois ans en leur compagnie, Jésus reprochaient les disciples de n'avoir rien demandé, sous-entendu «rien de valable, de consistant, rien de grand.» Jn.16:24

Conclusion: N'insultons pas Dieu avec notre doute. «Demandez et vous recevrez», dit Jésus. Demandez; il est un Dieu de parole.

Questions

1. Ecrivez le verset du jour.
2. Cochez les vraies réponses.
   a. La prière doit être faite avec foi.
   b. Pour être exaucée la prière doit être longue et bien prononcée.
   c. La prière doit avoir un but précis.
   d. La prière doit être faite au nom de Jésus.
   e. A défaut de Jésus, on peut prier Marie.
3. Cochez la vraie réponse.
   a. Adam n'avait pas besoin de prier parce que tous ses besoins étaient satisfaits.
   b. Adam ne pouvait prier parce qu'il avait perdu son catéchisme.
   c. Adam n'avait pas besoin de prière parce qu'il avait plusieurs «domestiques»
   d. Adam vivait par la vue et non par la foi.

4. Cochez la vraie réponse.
   a. Notre prière doit être précise et intelligible.
   b. Nous vivons par la foi et non par la vue.
   c. Nous n'avons pas besoin de prier parce que Dieu sait tout.
5. Cochez les vraies réponses.
   a. Jésus possède toutes choses.
   b. Jésus priait et il nous enseignait à prier.
   c. Jésus n'avait pas besoin de prier puisqu'il est Dieu.
   d. Jésus établit pour nous la relation avec Dieu, son Père.
   e. Il a payé le prix de cette relation avec son sang à la croix du calvaire.

Leçon 11
La prière en profondeur

Versets de base: Ge.13:8-9, 11, 14-17; 2R.7:18-20; Né.1:1; 2:1, 6-8; Pr.10:22; Ex.34:29; Da.10:3-5; Mt.7:7; 17:21; Jn.12:28; 14:4; 2Co.12:4; Ja.5:17-18
Texte pour la classe: Ex.34:28-30
Texte d'or: Il fut enlevé dans le paradis, et il entendit des paroles merveilleuses qu'il n'est pas permis à un homme d'exprimer. 2Co.12:4
Méthodes: Discours, comparaisons, discussion, questions
But: Convaincre les chrétiens de la nécessité de rester aux pieds du Seigneur pour accomplir de grandes taches et obtenir de grandes victoires.

Introduction
Jésus nous a enseigné à prier, certes. Pourquoi demande t-il qu'on y insiste? Mt.7:7

I. Dieu veut éprouver notre foi
1. Il veut nous préparer spirituellement en vue de recevoir ses bénédictions, autrement nous pourrons voir la bénédiction sans pouvoir en jouir. 2R.7:18-20
2. Il sait quand, comment et où nous donner un bien pour nous enrichir et en même temps, nous épargner du chagrin. Pr.10:22 Dieu peut même nous transférer quelque part en vue de recevoir certaines bénédictions. Il peut aussi prendre son temps pour écarter de nous les gens indignes de ses bénédictions comme dans le cas de Lot, le neveu d'Abraham. Ge. 13:8-9, 11,14-17
3. Jésus peut aussi prendre son temps pour nous construire un pont, (contact) pour combler une falaise (obstacle), pour

éteindre un feu (grève), sécher un marécage de sangsue (éloigner des gens parasites) pour nous construire la route de délivrance. Il est le chemin et la route qu'il nous trace est toujours en construction. Jn.14:4

II. Il nous invite à la prière parfois silencieuse

1. C'est le moment où l'âme est comme détachée du corps, qu'elle voyage dans les mystères infinis de Dieu. 2Co.12:4
2. On est dépouillé de toute attraction terrestre. Pas de soucis pour le corps, les affaires de cette vie, les problèmes de la vie, le rang social, la renommée. On flotte dans la grâce de Dieu. C'est alors que Dieu répond au **cri du cœur** et non au **bruit extérieur.**

III. Il nous invite à la prière en profondeur.

1. Certains poissons ne peuvent être pêchés que dans les profondeurs de 1000 à 1500 pieds. Il nous faudra une ligne au moins de cette longueur et suffisamment forte pour ne pas perdre et la ligne et le poisson.
2. Dieu nous invite à la prière avec persévérance. Elle doit être une ligne de prière très forte de sorte que nous restions toujours des chrétiens fidèles après l'exaucement.
3. Des exemples:
   a. Néhémie passa **quatre mois** à prier pour obtenir du roi un visa et des fonds pour aller et reconstruire les murailles de Jérusalem. Né.1:1; 2:1,6-8
   b. Elie pria **trois ans et 6 mois** pour qu'il ne plût pas sur la terre. Ja.5:17-18
   c. Isaac pria pour Rebecca pendant **vingt ans** avant d'avoir des enfants. Ge.25:20-21, 26

Retenez que certaines pratiques ne sont nullement des conditions pour que Dieu réponde à nos prières.

Exemples:
a. *L'onction d'huile*: Ce n'est pas l'onction d'huile qui guérit mais **la prière de la foi**. Ja.5:15
b. *Le jeûne sur le sac et la cendre*. C'est l'humilité que Dieu considère et non le formalisme. Jésus n'a jamais jeûné sur le sac et la cendre, non plus il n'a oint personne, même les disciples avec de l'huile. Ces pratiques peuvent même encourager la manipulation[56] des simples et la superstition chez certains.

IV. Résultats de la prière en profondeur.
1. On peut être illuminé, transfiguré[57] comme Moise, Daniel et Jésus. Ainsi on peut arriver même à entendre la voix de Dieu clairement et en plein jour. Ex. 34:29; Da.10:3-5; Jn.12:28; 2Co.1:4
2. On peut chasser certains démons récalcitrants, les zombi-bossales, les zombi-morts. Mt.17:21
3. On peut éteindre le feu des grandes passions, des grandes colères et mettre en fuite une armée étrangère. 2R.6:18-23; Est.7:7-10

Conclusion:
Prenons la prière comme un sacerdoce, comme un travail. Nous en serons divinement récompensés.

---

[56] Manipuler v. t. Manœuvrer. Amener insidieusement quelqu'un à tel ou tel comportement, le diriger à sa guise.
Transfigurer v. t. Donner au visage un éclat inaccoutumé
[57] Transfigurer v. t. Donner au visage un éclat inaccoutumé

Questions

1. Ecrivez le verset du jour.
2. Cochez les réponses convenables.
   Dieu veut que nous priions avec insistance.
   a. Pour éprouver notre foi.
   b. Pour nous énerver.
   c. Pour nous rapprocher plus près de lui
   d. Pour nous préparer spirituellement à recevoir ses bénédictions.
3. Cochez la vraie réponse.
   a. Dieu nous donne de la joie avec ses biens.
   b. Satan nous donne du chagrin avec ses biens.
   c. Nous pouvons laisser les biens de Dieu en héritage à nos enfants.
   d. Nous pouvons laisser les biens du diable comme bénédiction à nos enfants.
   e. Satan nous enrichit et nous laisse vite dans la déception.
   f. Dieu n'est jamais pressé mais il n'est jamais en retard.
4. Cochez les vraies réponses. La prière silencieuse.
   a. C'est la prière faite avec la bouche close.
   b. C'est s'occuper de ses affaires sans parler.
   c. C'est se concentrer dans la présence de Dieu.
   d. C'est le cri du cœur. Le corps ne participe pas mais l'esprit.
5. Cochez les vraies réponses.
   a. La prière en profondeur c'est la prière avec persévérance.
   b. C'est la prière dite au fond de la mer.
   c. C'est la pêche à la ligne.

6. Encerclez les vraies réponses.
   a. Avant de s'adresser au roi, Néhémie était en prière pendant __ 3 ans et 6mois ___ 36 semaines ___ 4 mois
   b. Avant d'avoir des enfants, Isaac resta en prière pendant ___20 jours ___ 20 semaines ___ 20 ans ___ 20 mois
7. Vraie ou faux
   a. Il faut de l'huile sainte pour guérir d'une maladie.__ V __ F
   b. L'huile sainte est obligatoire pour être exaucé.__ V __ F
   c. La prière de la foi seulement suffit pour guérir un malade.__V __ F
   d. Vaut mieux ne pas jeûner si on n'a pas le sac et la cendre. .__V __ F
   e. La prière doit être faite sur une haute montagne pour être exaucée. __V __ F
   f. Si on ne dit pas «Béni soit L'Eternel trois fois et Alléluia sept fois, Dieu ne va pas exaucer la prière. __ V __ F
   g. Pour chasser certains démons, il faut battre le malade avec un bâton de baseball.__ V __ F
   h. Pour chasser certains démons il faut la prière et le jeûne.__V __ F

139

Leçon 12
Enseigne-nous à jeûner

Versets de base: Est.4:16; Job.42:5-6; Es.57: 15-16; Es.Chap.58; Mt.28:19-20; Mc.2:19-20; Lu.10:36-37; Ac.1:8; 2:1-2
Texte pour la classe: Es.58:6-12
Texte d'or: Voici le jeune auquel je prends plaisir: Détache les chaines de la méchanceté, dénoue les liens de la servitude, renvoie libre les opprimés et que l'on rompe toute espèce de joug. **Es.58:6**
Méthodes: Discours, comparaisons, discussion, questions
But: Présenter le jeûne comme une réunion au sommet avec Dieu.

Introduction
Le jeûne est une discipline physique qu'on donne au corps. Pris dans un sens spirituel, il est une trêve à la routine du manger et du boire, une abstinence et non une grève de faim qu'on observe pour un besoin particulier.

I. Raisons du jeûne:
Jésus ne sera plus là *en personne* pour opérer des miracles. A son départ, les disciples devaient jeûner et prier. Sa première prescription avant son ascension était de leur dire de rester à Jérusalem en attendant l'envoie du Saint-Esprit. Après dix jours de jeûnes, nous sommes à la fête de la Pentecôte pour assister à l'effusion du Saint-Esprit. Mc.2:19-20; Ac.1:8; 2:1-2

II. But du jeûne:
1. Attirer l'attention de Dieu sur soi, dans les cas d'urgence. «Que nous sert de jeûner dit le prophète, si tu ne le vois pas?» Es.58:3
2. Se préparer à recevoir Dieu en audience solennelle. Moise passa 40 jours devant Dieu sans boire ni manger. Ex.34:28

3. Se préparer à une situation troublante, effrayante, exceptionnelle. La mort attendait Esther et son peuple. Ils n'avaient d'autre option que le jeûne. Est.4:16

III. Nature du jeûne
1. Il peut être **traditionnel**. Nous pouvons avoir un jour spécial de jeûne. Es.58:3c
2. Il peut être **occasionnel**. Nous jeûnons quand nous tenons à avoir la solution d'un problème qui nous tient à cœur.
3. Il peut être **émotionnel**. Nous sommes témoin de l'exaltation de frères et de sœurs dans le jeûne et nous décidons d'en faire autant. Ou bien nous aimons l'ambiance, et nous nous mettons à jeûner seulement quand nous sommes au sein du groupe.
4. Il peut être purement **spirituel**. On veut s'humilier en répandant son cœur devant Dieu.

IV. Les résultats du jeûne: ils sont conditionnels.
Dieu exauce la prière des humbles. Es.57:15-16. Retenez bien que l'expression: «Se coucher sur le sac et sur la cendre» traduit seulement une attitude d'humilité. Ce formalisme juif tout comme le signe de la croix n'est pas de nature à fléchir la volonté de Dieu. On peut devenir très superstitieux avec cette pratique. Job.42:5-6

Dieu exaucera notre prière
1. Quand nous sommes attentifs au cri du pauvre. Ps.41:1; Es.58:7
2. Quand nous nourrissons et habillons des frères affamés et nus. Es.58:7; Mt.25:42-45

3. Quand nous prenons le jour du Seigneur non pas pour plaire à nos amis mais pour aller et prêcher la Parole. Es.58:13; Mt.28:20
4. Cependant, il peut ne pas répondre
a. Si nous nourrissons la méchanceté dans le cœur contre notre prochain. Es. 58:3
b. Si nous sommes durs envers notre prochain. Es.58:10; Lu.10:36-37
c. Si nous refusons d'exercer l'hospitalité[58]. Es58:7; Hé.13:2
d. Si nous prions dans l'unique but de satisfaire nos passions. Ja.4:3
e. Si nous doutons. Ja.1:6-8

Conclusion

Que l'on comprenne bien que notre Dieu ne peut être manipulé. Si nous le prenons au sérieux, il prendra aussi nos requêtes au sérieux. Soyons donc sérieux.

Questions

1. Ecrivez le verset du jour.
2. Trouvez la vraie définition du jeûne:
   a. C'est mettre du fard au visage pour se rajeunir.
   b. C'est être membre d'une association de jeunes.
   c. S'abstenir de manger et de boire pour un certain temps.

---

[58] Hospitalité n. f. Action d'héberger, de recevoir quelqu'un chez soi par pitié, par générosité, par amitié.

3. Réagissez à cette question par oui ou par non.
   a. Les apôtres étaient puissants parce qu'ils avaient connu Jésus aux jours de sa chair __ oui ___ Non
   b. Le jeûne nous prépare à recevoir Dieu solennellement __ Oui __ Non
   c. Jésus envoie le Saint-Esprit aux apôtres par la Poste. __ Oui ___ Non
   d. On doit jeûner pour montrer aux hommes qu'on jeune. __ Oui __ Non
   e. Moise passa 40 jours de jeûnes avec un seul sandwich de 7/11 __ oui __ Non
4. Cochez les bonnes réponses
   Le jeune doit être ___ traditionnel ___ émotionnels __ occasionnel ___ charnel ___ spirituel
5. Pour un jeûne efficace il faut:
   a. Verser de l'huile sur la tête __ Oui __ Non
   b. S'habiller tout de blanc. __ Oui __ N on
   c. Se confesser sans scandaliser personne. ___ Oui __ Non
   d. Se coucher sur le sac et la cendre. __ Oui __ N on
6. Cochez les bonnes réponses.
   Dieu répondra à nos prières
   a. Si nous le menaçons___
   b. Si nous nous humilions___
   c. Si nous exerçons la miséricorde envers le prochain.___
   d. Si nous honorons nos parents.___
   e. Si nous murmurons.___

> *Pour les conditions d'exaucement aux prières voyez le Tome 4 à la page 100*

Récapitulation des versets pour le trimestre
Série 3 La prière
Tome 6

Leçon 1   Enseigne-nous à prier
Jésus priait un jour en un certain lieu. Lorsqu'il eut achevé, un de ses disciples lui dit: Seigneur, enseigne-nous à prier, comme Jean l'a enseigné à ses disciples. Lu.11:1

Leçon 2   Enseigne-nous à prier (suite)
Je suis le cep, vous êtes les sarments. Celui qui demeure en moi et en qui je demeure porte beaucoup de fruit, car sans moi vous ne pouvez rien faire. Jn.15:5

Leçon 3   Le format de la vraie prière
Cherchez l'Eternel pendant qu'il se trouve; Invoquez-le tandis qu'il est près. Es.55:6

Leçon 4   Le format de la vraie prière (suite)
Si donc vous êtes ressuscités avec Christ, cherchez les choses d'en haut, où Christ est assis à la droite de Dieu. Col.3:3

Leçon 5   La nécessité d'avoir un compagnon de prière
Entretenez-vous par des psaumes, par des hymnes et par des cantiques spirituels, chantant et célébrant de tout votre cœur les louanges du Seigneur. Ep.5:19

Leçon 6   La mystique de la prière
Car les armes avec lesquelles nous combattons ne sont pas charnelles; mais elles sont puissantes, par la vertu de Dieu, pour renverser des forteresses. 2Co.1:4

Leçon 7   La qualité de la prière
Ainsi nos yeux se tournent vers l'Eternel, notre Dieu, jusqu'à ce qu'il ait pitié de nous. Ps.123:2c

Leçon 8   Le rôle du Saint-Esprit dans la prière
De même aussi, l'Esprit nous aide dans notre faiblesse, car nous ne savons pas ce qu'il convient de demander dans nos prières. Mais l'Esprit lui-même intercède par des soupirs inexprimables. Ro.8:26

Leçon 9   Des définitions de la prière
Faites en tout temps par l'Esprit, toutes sortes de prières et de supplications. Veillez à cela avec une entière persévérance, et priez pour tous les saints. Ep.6:18

Leçon 10   La prière de la foi
Mais, quand le Fils de l'homme viendra, trouvera t-il la foi sur la terre? Lu.18:8

Leçon 11   La prière en profondeur
Il fut enlevé dans le paradis, et il entendit des paroles merveilleuses qu'il n'est pas permis à un homme d'exprimer. 2Co.12:4

Leçon 12   Enseigne-nous à jeuner
Voici le jeune auquel je prends plaisir: Détache les chaines de la méchanceté, dénoue les liens de la servitude, renvoie libre les opprimés et que l'on rompe toute espèce de joug. Es.58: 6

Série 4

Le Foyer Chrétien

Série 4
Avant propos
Le Foyer Chrétien

Voilà un sujet digne d'être considéré dans notre contexte d'homme moderne: Le foyer chrétien». En existe-t-il? Aujourd'hui l'homme est devenu citoyen de l'espace. Il lui est bien difficile d'avoir les deux pieds sur terre. Les parents sont essoufflés dans leurs efforts pour rejoindre leurs enfants perdus dans un monde robotisé, un monde où presque toutes les institutions d'ordre moral tombent en chute libre. L'Eglise seule maintient l'équilibre et conserve le message de l'homme de Galilée. Et vous allez vous demander dans quelle ambiance l'auteur de ce livre veut vous conduire. J'entends crier la voix du sage dans la caverne du temps: «Où sont les anciens sentiers?» Déjà assez pour vous dégoûter. Déjà assez pour fermer ce livre et le jeter par la fenêtre! Attends un moment, mon gars. Si vous voulez avoir un bon partenaire dans votre mariage, si vous voulez éviter l'écueil du divorce, de la déception, du suicide, de la mort de votre jeunesse, de votre avenir, de vos rêves, vous ferez bien de considérer ce livre. Je vous saurai gré de m'écouter. Allons et entrons ensemble dans LE FOYER CHRETIEN.

Leçon 1
L'origine du foyer

Versets de base: Ex.31:1-6; Ge.1:1-31; 2:7-22; 3:1-13; Jn.1:1
Texte pour la classe: Ge.2:18-24
Texte d'or: C'est pourquoi, l'homme quittera son père et sa mère, et s'attachera à sa femme et ils deviendront une seul chair. **Ge.2:24**
Méthodes: discours, comparaisons, questions, discussions
But: Présenter l'homme et la femme comme les éléments fondamentaux du foyer.

Introduction
Tout avait un commencement. Et tout a pris naissance en Dieu, la cause première de toutes choses. Après avoir sorti ce monde des ténèbres, après l'avoir peuplé, il voulut y mettre un correspondant qui soit différent de toutes autres créatures. Comment a-t-il procédé? C'est ce que nous allons considérer dans cette leçon.

I. Création de l'homme. Ge.1:26-27
1. **Un être semblable à Dieu dans toutes ses facultés.**
   a. Il est doué de volonté pour décider. Ge. 3:6-7
   b. Il est doué d'intelligence pour comprendre. Ge.2:19-20; 3:8
   c. Il est doué de sentiment pour aimer ou haïr. Dieu a donc créé un être pensant. Ge.3:6
2. **L'homme est son associé pour assurer la gérance de la planète.**
   a. Il l'a rendu capable de faire des inventions. Ex.31:1-6
   b. Il a mis en lui le génie du commandement. Il peut tout dominer même les bêtes sauvages. Ge.1:28
   c. Grâce à son intelligence, il pouvait donner des noms à tous les éléments de la création. Ge.2:19-20

      d.   Grâce à son langage, il peut s'adresser à Dieu et aux hommes, ses semblables. Ge.3:9-10

II. Création de la femme.
1. Chaque animal avait un autre qui lui était pareil. L'homme n'en avait pas. Ge.2:20
2. Dieu fit la femme, la dernière création, à partir d'une côte tirée de l'homme. Cette intervention a suscité une anesthésie générale qui valait la peine. Dieu a «composé» la femme grâce aux différents aspects de son expertise.
3. Elle est semblable à l'homme, néanmoins avec certaines différences. Ge.2:18
   a. Dieu lui donne un visage plein de tendresse tandis que l'homme a la face d'un chef pour commander.
   b. Il lui donne un bassin assez large pour porter des enfants; mais à l'homme il donne des épaules assez larges pour porter des fardeaux.
   c. Il donne à la femme des seins très mous pour l'allaitement des enfants et aussi pour le plaisir de l'homme tandis que celui-ci a le thorax dur et velu et son sexe prolongé pour exprimer sa qualité de mâle et faciliter la procréation.
   d. A chacun d'eux il donne cinq sens: l'ouïe, la vue, l'odorat, le gout, le toucher mais à la femme il ajoute un sixième, l'intuition. Ce sens est très développé chez elle. Il lui permet de prévoir certaines tendances chez les hommes. C'est sa soupape de sureté, en sorte que si une femme se laisse séduire, elle l'avait bien voulu.

Une remarque très pertinente:
A son réveil l'homme n'avait pas vu une bête ni un autre homme mais une femme, une partie de lui-même qu'il a revendiquée

comme l'os de ses os, la chair de sa chair. Dès lors le mariage entre deux sexes différents s'imposait à toute l'humanité sans distinction. Ge.2:23

C'est donc à partir de deux êtres semblables mais différents sur plusieurs points, que Dieu a fondé le foyer avec la vocation de former une seule chair, de multiplier et de remplir la terre.

Conclusion

Il y eut un soir, il y eut un matin et ce fut le sixième jour. Le foyer est fondé. Le gérant de la planète est un employé de Dieu. A vous les hommes: soyez-en de bons gérants!

Questions

1. Ecrivez le verset du jour et tachez de le mémoriser.
2. Trouvez la vraie réponse:
    a. L'homme est sorti du néant.
    b. L'homme est un produit de l'évolution.
    c. L'homme est créé à l'image de Dieu
3. Trouvez la vraie réponse:
    a. Dieu fonda le foyer avec un réchaud à gaz.
    b. Dieu fonda le foyer en créant l'homme et la femme.
    c. La fondation du foyer est seulement l'affaire de l'homme.

4. Trouvez la vraie réponse:
   a. L'homme ressemble à Dieu par la hauteur et la grosseur.
   b. L'homme ressemble à Dieu par la volonté, la raison et les sentiments.
   c. L'homme descend du singe.
5. Trouvez les vraies réponses:
   a. Dieu donna à l'homme la capacité de faire des inventions.
   b. Dieu donna à l'homme la faculté de parler pour mieux s'adresser à lui.
   c. L'homme a reçu de Dieu l'autorité de dominer sur toute la planète.   d. Tous les trois.
6. Vrai ou faux:
   a. On peut choisir son sexe. __ V __ F
   b. Dieu choisit une femme pour Adam. __ V __ F
   c. Dieu donna d'abord à Adam une femme d'essai._ V _ F
   d. Un garçon peut changer son sexe et enfanter. __ V __ F
   e. Dieu a fait de l'homme son associé sur la planète._ V _F
   f. L'homme a cinq sens, la femme en a six. ___ V __ F
   g. A son réveil Adam a vu Adhémar. __ V __ F

Leçon 2
La fondation de la famille

Versets de base: Ge.1:26-28; 2:23-25; 3:10-16; 5:1-32; 19:1-9; Lé.20:10-13; Ps.100:1; Es.45:18
Texte pour la classe: Ge.2:23-25
Texte d'or: Et l'homme dit: Voici cette fois celle qui est os de mes os et chair de ma chair! On l'appellera femme parce qu'elle a été prise de l'homme. **Ge.2:23**
Méthodes: discours, comparaisons, questions, discussions
But: Montrer la faillite de l'homme dans son effort de se dominer.

Introduction
L'homme n'est pas un fait du hasard. Dieu l'a créé pour un but. Comment et pourquoi est-il venu sur la planète?

I. But de Dieu dans la création
1. Avoir des êtres pour lui donner gloire. Ps.100:1
2. Faire fonctionner la planète, l'occuper pour qu'elle ne fût pas déserte. Es.45:18b
3. Mettre en valeur tous les éléments de la nature. Voilà pourquoi il créa l'homme à son image et «composa» la femme à l'image de l'homme. Ge.1:26
4. Ainsi l'homme devint l'associé de Dieu et la femme l'associée de l'homme. Ils ont été créé tous deux pour former le foyer. Ge.1:27-28

II. La fondation de la famille:
1. Il faut au moins trois membres pour la former: Dieu, l'homme et sa femme. C'est au sein de ce mystère que l'homme va apprendre à aimer Dieu et le servir.

2. Elle est aussi le point de départ de la société, des peuples et des nations.
3. Elle est encore l'aboutissement des vœux de Dieu: «Croissez et multipliez, remplissez la terre et l'assujettissez» Ge.1:28

III. La déviation de cette institution
1. La famille commence à dévier avec la désobéissance d'Adam. Ge.3:15-16
2. L'homme prend la liberté de mettre Dieu de coté. Il croit pouvoir tout décider sans lui. Dès lors la rébellion se manifeste dans sa conduite. Il a tout dominé: l'espace avec des avions, la mer avec des bateaux, la terre avec toutes sortes d'inventions. Mais il n'a pu dominer ses faiblesses. Ge.3:10

Conséquences:
1. La pratique de l'amour libre dénué du sens de la responsabilité morale. Ge.6:1
2. L'infidélité des partenaires au mépris du serment conjugal. Le.20:10
3. Le divorce et toutes les formes de manifestation de la volonté propre au détriment des foyers. Mt. 19:1-8
4. La délinquance des enfants sans direction morale.
5. Les crimes gratuits des frustrés, des détraqués[59] en guerre contre l'humanité.
6. L'homosexualité, la bestialité[60], le lesbianisme[61] deviennent des lieux communs[62]. Lé.18:22-23; Ro.1:26-27

---

[59] Détraqué: adj. déséquilibré Bestialité: .n.f. Caractère de quelqu'un qui se conduit bestialement

7. La déviation sexuelle à tous les niveaux. Ge.19:1-9; Lé. 20:13

Conclusion:
Un foyer sans Dieu est un foyer inexistant. Un foyer sans Dieu est un tombeau sans issu. De grâce, n'y allez pas.

---

[60] Bestialité: .n.f. Caractère de quelqu'un qui se conduit bestialement
[61] Lesbianisme: homosexualité féminine
[62] Des lieux communs: banalités

Questions

1. Ecrivez le verset du jour et tachez de le mémoriser.
2. Trouvez la vraie réponse:
   a. Dieu créa l'homme pour lui donner gloire.
   b. Dieu créa l'homme pour être son partenaire.
   c. Dieu créa l'homme pour donner un sens à la planète.
   d. Tous les trois.
3. Trouvez les vraies réponses:
   a. La famille est le point de départ de la société.
   b. La famille doit être riche pour servir Dieu.
   c. La famille doit craindre Dieu pour mieux le
4. Trouvez la vraie réponse:
   a. L'homme doit mettre Dieu de coté pour chercher son indépendance.
   b. L'homme n'a pas besoin de Dieu en tout temps parce qu'il est assez grand pour décider.
   c. Le péché c'est la désobéissance à la volonté de Dieu.
5. Vrai ou faux:
   a. Depuis la désobéissance d'Adam des hommes pratiquent l'amour libre en dehors du mariage. _V __ F
   b. L'homme pratique le divorce comme un choix personnel. __ V __ F
   c. Il est parfois bon de désobéir à Dieu. __ V ___ F
   d. Si on ne peut enfanter, on doit changer son sexe _ V _F
   e. Un foyer sans Dieu est un enfer sur terre __ V __ F

Leçon 3
Le foyer chrétien et le culte de famille

Versets de base: De.6:6-9; Esd.9:5-15; Ps.133; Pr.22:6; Da.9:3-19; Mt.6:6; 18:20; Lu.11:1; Jn.17:1-1-26; Ac.4:24-32; 1Co.15:45-49; Col.3:13; Ph.2:14; 4:6

Texte pour la classe: De.6:6-9

Texte d'or: Tu les inculqueras à tes enfants, et tu en parleras quand tu seras dans la maison, quand tu iras en voyage, quand tu te coucheras et quand tu te lèveras. **De.6:7**

Méthodes: discours, comparaisons, questions, discussions

But: Montrer l'urgence de l'éducation spirituelle dès la tendre enfance.

Introduction

La notion de Dieu doit être inculquée à l'homme dès sa tendre enfance. L'auteur du livre des Proverbes l'a bien dit: «Instruis l'enfant selon la voie qu'il doit suivre, et lorsqu'il sera vieux, il ne s'en détournera pas.» Pr. 22:6 Cette voie est celle tracée par Dieu lui-même. C'est là que commence le culte de famille.

I. Définition de la famille:

La famille est la réunion du père, de la mère, d'un ou des enfants. C'est une petite société où doit se développer l'amour, le sens du devoir, l'esprit de pardon, de concession, de réconciliation. Quand on parle de culte de famille on devrait dire «le culte de l'amour, de la paix, de la joie, le culte de toutes les vertus.» Ce culte prend sa signification dans les relations avec Dieu. Voyons en les secrets.

II. Il faut prier en famille. 1Co.15:45-49

1. Soit dit en passant, Adam ne savait pas prier puisqu'il n'avait besoin de rien. La femme qui lui manquait, Dieu la lui donnait gratuitement. Le paradis était sur terre. Mais après la désobéissance de nos premiers parents, Dieu nous envoie Jésus, le second Adam, mais avec beaucoup plus de privilèges. Avec lui, le paradis est plutôt au ciel. Il nous donne le secret pour obtenir tout de Dieu. Ce moyen c'est la **prière et la monnaie en usage au ciel, c'est la foi**. Elle ne vient donc pas de nous, c'est bon[63] valable, un don de Dieu. Dès lors, tout le monde est appelé à prier. Ep.2:8
2. On prie ensemble pour resserrer les liens entre les membres de la famille, pour qu'on apprenne à s'entraider, à se supporter et à pardonner. Col.3:13
3. Lorsque les besoins sont connus de tous, au lieu de se plaindre ou de blâmer les autres, on accepte de prier et la foi de tous est augmentée à la réponse de Dieu. Ph.2:14
4. L'obéissance et la coopération sont plus faciles à s'exercer car une famille qui prie est une famille unie à cause de la présence de Dieu. Mt.18:20
5. C'est là que Dieu envoie sa bénédiction. Ps.133:3b

III. Il faut que tous prient

1. Oui tous. A moins qu'on ne soit pas conscient comme le bébé. La mère, en allaitant son enfant, soit au sein ou au biberon, doit faire le geste de prier, ne serait-ce qu'en fermant les yeux pour **infuser**[64] cette idée dans le subconscient de l'enfant.

---

[63] Bon: Document qui autorise à recevoir quelque chose.
[64] Infuser: Insuffler, instiller, communiquer à quelqu'un.

2. La prière peut être individuelle ou collective. La prière individuelle est hautement recommandée pour développer chez chacun l'expression personnelle car certaines gens sont très éloquents dans la prière collective mais ne peuvent prier seul. Mt.6:6; Ac.4:24
3. La prière silencieuse est bonne quand on est seul. Elle peut être suggérée, quand dans un groupe, tous avaient déjà prié à haute voix.
4. Si le père seul prie et récite immédiatement «Le Notre Père», les enfants apprendront à prier avec beaucoup de difficultés. Pr.22:6

IV. Et que faire si je ne sais pas prier?
1. Dites comme les disciples: «Seigneur, enseigne-nous à prier» Lu.11:1
2. Faites une liste de vos besoins et déposez-la au pied du Seigneur. Ph.4:6
3. Priez dans l'assemblée des saints. Ils pourront vous inspirer. Ac.4:31-32
4. Lisez les psaumes, la prière d'Esdras, de Daniel et de Jésus. Esd.9:5-15; Da.9:3-19; Jn.17:1-1-26; Ep.5:19-20

Conclusion

Priez ensemble, travaillez ensemble, vivez ensemble. Jésus sera au milieu de vous, son regard s'abaissera sur vous et il vous bénira tous.

Questions

1. Ecrivez le verset du jour et tachez de le mémoriser.
2. Trouvez la vraie réponse
   a. La notion de Dieu doit être inculquée à l'enfant:
   b. Dès l'âge de 10 ans.
   c. Dès l'âge de 15 ans.
   d. Dès la tendre enfance.
3. Trouvez les vraies réponses:
   Quand on prie en famille
   a. On reçoit un certificat de bonne vie et mœurs.
   b. On resserre les liens entre les membres de la famille.
   c. On attire sur soi les bénédictions de Dieu.
4. Choisissez les vraies réponses:
   Si l'on ne sait pas prier
   a. Il faut acheter un formulaire de prière.
   b. On peut s'inspirer des prières dans la bible.
   c. Il faut payer quelqu'un pour prier pour soi.
   d. On peut dire «Seigneur, enseigne-nous à prier.
5. Vrai ou faux
   a. Dieu entend seulement la prière faite à haute voix. __V __F
   b. On n'a pas besoin de prier; tout arrive par hasard. __V __F
   c. La prière peut être individuelle ou collective. __V __F
   d. Adam ne savait pas prier. Je peux faire autant. __V __F
   e. Jésus est le second Adam. Son paradis est au ciel. __V __F

Leçon 4
Le foyer et l'éducation sexuelle

Versets de base: Ge.38:4,8-10; Ex.23:26; 2S.13: 10-16; Job.21:10; Os.9:13-15; Jn.3:16; 2Co.14:1; 1Jn.2:15
Texte pour la classe:
Texte d'or: Instruis l'enfant selon la voie qu'il doit suivre, et quand il sera vieux, il ne s'en détournera pas. **Pr.10:22**
Méthodes: discours, comparaisons, questions, discussions
But: Montrer aux enfants comment se comporter avec leur sexe.

Introduction
Ici, il n'est pas question de vous enseigner la manière de faire le sexe. On va vous parler de la manière de le gérer.

I. Les parents doivent instruire leurs enfants sur le sexe et sur la manière de le gérer.

1. Le sexe n'est pas l'amour; il en est l'expression physique entre deux personnes dans le but de la procréation. La personne qui veut jouer avec votre sexe veut seulement vous utiliser pour satisfaire un désir charnel tout en refusant de supporter les conséquences. Ainsi elle ne fait que vous déshonorer et vous traiter en prostituée comme dans le cas d'Amnon et de Tamar. 2S.13:10-16

2. L'amour est plus élevé que le sexe. Il vient de Dieu car Dieu lui-même est amour. On doit rechercher le bien de l'autre au lieu de l'avilir. 2Co.14:1

3. Les gens mariés devant Dieu n'ont pas honte de le faire puisqu'il est légal, moral et divin. tout acte sexuel en dehors du mariage est appelé débauche, adultère.

II. Les parents doivent informer leurs garçons que leur qualité de mâle ne fait pas d'eux des machos. (1) La femme non plus n'a pas tort d'être femelle. Elle n'a pas été créée pour être la victime des passions sauvages d'un homme.
1. C'est la chaussure qu'on met par terre pour l'essayer mais pas une jeune fille. Tout ce que vous voulez que les hommes fassent pour vous, pour votre mère ou votre sœur, faites-le de même pour eux.
2. Les deux ont une âme précieuse devant Dieu.
3. La jeune fille doit se rappeler que Jésus a payé le même prix pour tous à la croix du calvaire. 1Jn.2:15. Jn.3:16

III. Les parents doivent enseigner leurs enfants sur l'importance du sexe comme étant un instrument qui cache le secret de la vie et que Dieu, l'auteur de la vie, est automatiquement associé à tout ce qui regarde leur sexe.
1. Lorsque Dieu avait marié Adam à Eve, il les avait bénis en disant: «Croissez, multipliez, remplissez la terre et l'assujettissez». Ainsi la rencontre sexuelle est divine et fut permise à l'homme dans le but de procréer. Onan s'est dérobé au contact sexuel avec sa femme pour lui éviter une grossesse. Dieu l'a maudit pour sa transgression que nous appelons aujourd'hui «onanisme[65].» Ge.38:4, 8-10
2. De même, Dieu considère l'avortement comme une malédiction tant pour les hommes que pour les bêtes. Dieu ne pardonne pas cette lâcheté. Il l'appelle un crime. Ex.23:26; Job.21:10; Os.9:14

---

[65] Onanisme: n. m émission intentionnelle du sperme en dehors du vagin au moment de l'orgasme masculin

3. Dieu punit de mort éternelle la fornication ou l'adultère. Les parents doivent éduquer leur enfant sur le maintien de la parole d'honneur à une jeune fille et sur la maitrise à observer pour se garder pur jusqu'au jour des noces. Le mariage sera seulement consommé ***devant Dieu***, à la lune de miel. Ainsi ils s'épargneront de bien des tourments dans le ménage.

IV. Les parents doivent avertir leur enfant qu'il est responsable de tout ce qui est entre ses mains, notamment son sexe.
  1. Nous sommes responsables devant Dieu et devant l'Etat de l'enfant né de notre relation sexuelle avec quel que soit le partenaire. Nier à cet enfant l'éducation et le pain est de la lâcheté.
  2. Le sexe n'est pas un jouet. Certains font le sexe mentalement ou la masturbation[66]. Ce vice développe chez son auteur un caractère efféminé, l'impuissance sexuelle et partant le manque d'adaptation à la vie conjugale.

Conclusion

Dieu veut s'associer les gens courageux. Ayons le courage d'assumer nos responsabilités. Ainsi on diminuera le taux de la criminalité et les blâmes injustifiés contre Dieu.

---

[66] Masturbation n. f. Action de procurer un plaisir sexuel par l'excitation manuelle des parties génitales.

Questions

1. Ecrivez le verset du jour et tachez de le mémoriser.
2. Trouvez les vraies réponses:
    a. Les parents doivent enseigner à leurs enfants comment faire le sexe.
    b. Les parents doivent enseigner à leurs enfants comment se conserver pur avant le mariage.
    c. Les parents doivent enseigner à leurs enfants mâles comment essayer les filles.
    d. Les filles doivent savoir qu'elles ont la même valeur que les hommes aux yeux de Dieu.
3. Trouvez les vraies réponses:
    a. Les programmes pornos à la télévision peuvent déformer la mentalité des jeunes vis-à-vis du sexe.
    b. Les programmes pornos aident à être plus viril et plus adapté à la vie conjugale.
    c. Les programmes pornos doivent être considérés comme un abus aux jeunes.
    d. Suivre un programme porno est comme s'asseoir en compagnie des moqueurs.
4. Trouvez la vraie réponse:
    a. On doit essayer une jeune fille avant le mariage.
    b. On doit demander à Dieu de choisir pour soi un partenaire conjugal.
    c. On doit accepter la première personne qui vous dit «Je vous aime»
5. On doit se référer à des conseillers avant de fixer son choix.
6. Trouvez la vraie réponse:
    a. Dieu doit être au milieu de l'acte sexuel.
    b. Dieu n'a rien à voir avec mon sexe.

c. Dieu n'a pas de femme; Il ne peut comprendre mon besoin du sexe.
d. Dieu est partenaire dans notre rencontre avec l'autre sexe.
7. Vrai ou faux
   a. Le sexe sans Dieu est un péché. __ V __ F
   b. Faire le sexe est comme avoir soif, on doit le satisfaire avec n'importe qui. __ V __ F
   c. Le sexe n'est pas un jouet. On est responsable devant Dieu pour son usage. __ V __ F
   d. On peut faire le sexe par internet ou par correspondance. __ V __ F
   e. Abandonner un enfant non désiré est un acte de lâcheté. __ V __ F
   f. La foi en Dieu peut nous aider à maitriser le sexe. __ V __ F

Leçon 5
Le foyer et l'éducation sociale

Versets de base: Ge.18:12; Ep.5:22-33; Ti.2:1-5; 1Pi.3:5-6
Texte pour la classe: Ep.6:1-4
Texte d'or: Et vous, père, n'irritez pas vos enfants, mais élevez les en les corrigeant et en les instruisant selon le Seigneur. **Ep.5:4**
Méthodes: discours, comparaisons, questions, discussions
But: Montrer à l'enfant comment vivre en société.

Introduction
Eduquer socialement un enfant exige de la discipline et du tact. Nul n'est maitre dans ce domaine. On n'a qu'à vous faire des recommandations à la lumière de la Parole de Dieu.

I. Il faut savoir comment montrer du respect pour votre enfant.
1. Nous devons être toujours prêts à l'écouter même si sa conversation ne nous intéresse pas. Nous devons nous montrer intéresser à son monde, son vocabulaire, son entourage, ses préférences, ses petits amis, ses jeux, son club, ne serait-ce que pour lui donner notre support moral.
2. Nous devons être prêts à coopérer avec lui dans les différentes décisions qu'il doit prendre soit pour sa carrière, soit pour le choix d'un partenaire. Faisons lui sentir qu'il est une personne de taille à tenir un dialogue avec nous comme notre associé. Que l'enfant grandisse sans complexe d'infériorité au point d'avoir l'air d'un prince. Jg.8:18
3. Nous devons lui faire sentir qu'il est accepté malgré ses erreurs qui sont d'ailleurs communes à tous les hommes. Que

ses amis soient acceptés à la maison; Rions avec eux au lieu de les ridiculiser.

II. Il nous faut savoir comment nous respecter pour inspirer le même respect.
Par exemple:
1. Prévenir notre entrée tardive à la maison.
2. Nous excuser à notre enfant en cas d'offense.
3. Communiquer notre agenda pour que l'enfant apprenne à faire autant surtout quand il faut négocier une heure de rencontre familiale.
4. «S'il te plait», «Excuse-moi», «Je t'aime», «je prie pour toi», «puis-je t'aider», «je suis fier de toi», «mes félicitations» sont des expressions à venir très souvent dans la bouche des parents. Elles passeront sans effort à vos enfants et à leur progéniture. Col.4:6
5. Il nous faut montrer du respect pour notre conjoint.

A. Du coté de l'homme
1. A aucun moment de la durée, le mari ne doit pas hurler sur la tête de sa femme. C'est un mauvais exemple à son garçon pour son futur foyer.
2. Le mari doit éviter d'amener des individus dans la maison pour jouer au domino, aux cartes dans l'absence de sa femme.
3. Soumettre son chèque à la maison, établir le budget de famille en présence des enfants ne nuira pas à l'autorité du mari. Il ne fait que dissiper les murmures inutiles.
4. Si la femme lui fait remarquer la négligence dans sa tenue, qu'il la remercie avec gentillesse et qu'il s'arrange immédiatement. La femme ferait mieux de l'ajuster. Elle

sera bien sûr, récompensée d'un baiser. Les enfants apprendront par l'exemple et non par des paroles.

B. Du côté de la femme
1. La femme doit manifester de l'obéissance à son mari surtout en présence des enfants. Elle doit montrer du respect et de l'appréciation à son mari avec tous les égards dus à un roi à l'instar de Sara qui appelait Abraham «son seigneur». Ge.18:12; Ep.5:22-24
2. Elle doit respecter son horaire au lieu de passer des heures au téléphone à faire des commérages avec des désœuvrés.
3. Elle doit éviter de le critiquer devant ses enfants ou ses beaux- parents.
4. Au grand jamais, elle doit éviter de révoquer les décisions du mari à l'égard d'un enfant ou de les contester au risque de diviser son foyer et de porter les enfants à mépriser l'autorité paternelle. Seul celui qui a pris une décision a le droit de la casser.
5. La femme doit savoir qu'elle est femme avant tout ; qu'elle est une associée au mari et non un adversaire. Au grand jamais, qu'elle ne porte la main sur le mari soit par la ruse ou par violence et vice-versa.

Conclusion
Semons le bon grain de l'éducation dans notre foyer. L'honneur de nos enfants dans la société sera notre récompense.

Questions

1. Ecrivez le verset du jour et tachez de le mémoriser.

2. Trouvez les réponses convenables:
   a. Montrer du respect à son enfant c'est le flatter.
   b. Montrer du respect à son enfant c'est combattre chez lui le complexe d'infériorité.
   c. Montrer du respect à son enfant c'est le préparer à vivre en dignité dans la société.

3. Trouvez la réponse convenable:
   a. Un père n'a pas besoin d'avertir à la maison de son retard probable.
   b. Un père fautif doit s'excuser devant son enfant qu'il a offensé.
   c. Si l'homme crie sur la tête de sa femme, il ne fait que démontrer sa capacité de chef.
   d. Le mari a droit d'ouvrir une association de jeux chez lui contrairement aux enfants.
   e. C'est normal que le mari passe son temps à lire les journaux en ignorant sa femme.

4. Vrai ou faux
   a. Une femme doit respecter l'horaire de son mari __V_ F
   b. Un homme doit discuter les affaires de famille avec sa femme. __ V __ F
   c. La femme doit murmurer toute la journée pour attendrir son mari. __ V __ F
   d. La femme doit révoquer les décisions du mari en présence des enfants. __ V __ F
   e. Le mari doit ridiculiser sa femme en public. __ V __ F
   f. Le mari qui néglige sa femme n'a pas droit à son respect. __ V __ F
   g. Le mari paresseux doit être aidé par les beaux-parents. __ V ___ F
   h. Les parents doivent élever leurs enfants avec la dignité de prince. __ V __ F

Leçon 6
Le foyer chrétien et le rapport avec les beaux-parents

Versets de base: Ge.2; 24; Pr.24-27; Mt.19:6; Lu.3:14; 1Co.7:3-9; Ep. 5:22-32; 6:2-3; Col.3:15b; 1Ti.5:14; 6:8-10. Ti.2:3,5
Texte pour la classe: Mt.19:3-6
Texte d'or: Ainsi, ils ne sont plus deux, mais une seule chair. Que l'homme ne sépare pas ce que Dieu a joint. **Mt.19:6**
Méthodes: discours, comparaisons, questions, discussions
But: Protéger le mystère du mariage contre les adversaires.

Introduction
Le vrai amour est un mystère. Il vient d'un Dieu éternel et mystère, et est partagé entre l'homme et la femme qui sont tous deux des mystères. La trinité conjugale est donc formée de trois mystères: Dieu, l'homme et la femme. Où donc trouver ici la place pour les beaux-parents?
Suivons les prescriptions de Dieu, le parrain des noces d'Adam et d'Eve.

I. L'ordre de Dieu dans la bénédiction nuptiale
  I. **L'homme doit quitter son père et sa mère**.
   a. Le foyer ne pourra jamais s'épanouir sous la tutelle des beaux-parents. L'homme doit être sevré des petites attentions maternelles pour prendre en main ses responsabilités. Ep.5:31
   b. En laissant la maison, il part avec l'éducation spirituelle, l'éducation de famille, le savoir-dire, le savoir-faire, le savoir comprendre, le savoir-vivre comme un héritage inaliénable mais transmissible à ses enfants.
   c. Le livre des proverbes nous donne les recettes pour un foyer équilibré: «Soigne tes affaires au dehors, mets ton champ en état, ensuite tu bâtiras ta maison. En d'autres

termes: Investis dans l'éducation; puis aie une bonne économie et alors tu pourras fonder ton foyer, c'est-à-dire, te marier. Pr.24:27
   d. Le mari qui se respecte doit prendre soin de sa femme. La dépendance des beaux-parents peut détruire son autorité maritale. Ep.5:29

II. **Il doit s'attacher à sa femme**
   a. L'idée de la monogamie était établie des la Genèse. «s'attacher à **sa** femme et non à **ses** femmes »
   b. Il faut plus qu'une vie pour connaître une femme, où allez-vous mon cher, avec des femmes ?
   c. La femme est femme seulement lorsqu'elle a son homme. Il est même recommandé après la classe d'Ecole du Dimanche, que la femme cherche une place auprès de son mari pour adorer ensemble.
   d. Que l'acte sexuel soit le point d'aboutissement de toutes les tendresses et de toutes les bonnes paroles échangées pendant la semaine, pendant la journée. *L'embargo* n'est pas dans le vocabulaire conjugal à moins de cas de force majeure. (Maladie, mortalité…) Paul recommande de ne pas vous priver l'un de l'autre à moins d'une entente pour vaquer à la prière. 1Co.7:3-5
   e. Que les beaux-parents ni les cocufiés[67] ne séparent pas ce que Dieu a joint. Mt.19:6

III. **Le rôle des couples dans les relations conjugales.**
   1. Ils doivent établir un horaire de famille pour le train-train de chaque jour, un programme de détente ou de vacances pour la famille, une date de renouvellement de la lune de

---

[67] Cocufié: qui trompe dans les affaires conjugales.

miel pour rafraichir le serment conjugal. Ils doivent le planifier bien à l' avance.
2. Ils doivent avoir un budget de famille[68]. Qu'ils sachent qu'on ne pourra jamais tout avoir en même temps, qu'on perd son temps à comparer son mariage avec celui d'un autre couple. Il est trop tard. Contentez-vous de ce que vous avez, dit la bible pour ne pas faire des bêtises. Lu.3:14; 1Ti.6:8-10
3. Ils doivent se supporter surtout dans les mauvais jours. Il n'y a pas de roses sans épines, dit le proverbe.
4. Ils doivent gérer leur foyer à leur façon sans accepter la dictature des beaux-parents. 1Ti.5:14

IV. Le rôle des beaux-parents dans cette relation.
1. La bible dit que l'homme doit quitter son père et sa mère pour s'attacher à sa femme. Elle n'a jamais dit de les abandonner. Ep.5:31
2. Le ménage doit prévoir pour eux une allocation mensuelle dans leur budget. Ils ont envers eux une obligation filiale à respecter, qu'ils soient aisés ou non. Ils ont travaillé pour cela. C'est le secret d'une vie longue et bonne. Ep.6:2-3
3. Ils seront là comme des références valables pour aider le ménage à prendre son élan. Ils peuvent aider économiquement, s'ils le peuvent, mais ils ne sont pas obligés. Ils peuvent offrir leurs services dans la garde des enfants, mais ils ne doivent pas être traités comme vos «bonnes» pour autant. Ti.2:3-4
4. Les conseils des beaux-parents sont nécessaires mais ils ne sont pas des ordres catégoriques ni des conditions sine qua non. Ti.2: 3-5

---

[68] Pour le budget, consultez le LIVRE DU MAITRE #3

5. Les beaux-parents doivent éviter de prendre parti pour un membre du couple, ni supporter l'un au préjudice de l'autre. Ils doivent voir le ménage et non leur enfant. S'ils doivent faire un cadeau, que ce cadeau reflète une attention à tous les deux et non à un conjoint en particulier pour éviter des conflits inutiles. Mt.19:6
6. Les beaux-parents ne doivent pas exiger de leurs enfants les mêmes attentions qu'ils se donnent entre époux. Les enfants sont là pour les honorer, les supporter et non pour s'appauvrir à leur profit.

Conclusion

Estimez-vous heureux d'avoir des beaux-parents à entretenir. Souvenez-vous qu'ils étaient les engrais pour fertiliser votre avenir. Vous serez demain ce qu'ils sont aujourd'hui. Soyez donc sages et reconnaissants. Col.3:15b

Questions
1. Ecrivez le verset du jour et tachez de le mémoriser.
2. Trouvez la réponse convenable:
    a. Les beaux-parents doivent gouverner votre foyer.
    b. Les beaux-parents peuvent supporter votre foyer.
    c. Les beaux-parents doivent avoir un compte-rendu du foyer.
3. Trouvez la réponse convenable:
    a. L'homme doit quitter son père et sa mère.
    b. L'homme doit abandonner son père et sa mère.
    c. L'homme doit s'attacher à ses femmes.

4. Trouvez les réponses convenables.
   a. Quand on veut se marier on doit demander la permission aux parents.
   b. Quand on veut se marier on doit chercher la femme d'abord.
   c. Quand on veut se marier on doit d'abord investir dans l'éducation et le travail.
   d. Quand on veut se marier on doit demander à Dieu de présider au choix du conjoint.
5. Trouvez les réponses appropriées:
   a. Le couple doit avoir un horaire de famille.
   b. Le couple doit avoir un budget de famille.
   c. Le couple peut avoir un programme de vacance.
6. Cochez les vraies réponses:
   a. La lune de miel est pour __ un jour __ un mois __ toute la vie.
   b. A la lune de miel il faut __ amener les enfants __ amener les beaux-parents __ le couple et le couple seulement.
   c. Quant aux beaux-parents, Il faut __ les quitter __ les abandonner __ les ignorer.
   d. Les soins aux beaux-parents sont __ une gratification __ une aumône __ une obligation.
   e. Si vous voulez vivre longtemps il faut __ supporter les parents __ enrichir les parents __ blâmer les parents __ honorer les parents.

Leçon 7
Le foyer chrétien et les conflits dans l'éducation des enfants

Versets de base: Pr.19:18; 29:17; Je.10:24; 30:11; 1Ti.5:14-15
Texte pour la classe: 1Ti.5:14-15
Texte d'or: Je veux que les jeunes se marient, qu'elles aient des enfants, qu'elles dirigent leur maison, qu'elles ne donnent à l'adversaire aucune occasion de médire.**1Ti.5:14**
Méthodes: discours, comparaisons, questions, discussions
But: Montrer comment protéger l'intégrité de la communauté familiale

Introduction
Il est un fait que tous les foyers, même chrétiens ont des problèmes. C'est là un test au vrai amour. Il faut des conflits. D'où viennent-ils? Comment les aborder et comment les gérer?

I. D'ordinaire ils viennent dans la manière d'élever les enfants. Venons avec des exemples et leurs conséquences immédiates ou lointaines:
  1. Monsieur veut élever son enfant à la manière de son grand-père et madame à la manière de son oncle.
  2. Madame manifeste ouvertement son mécontentement quand monsieur discipline son garçon ou bien son enfant d'un autre lit. La rébellion alors pousse des cornes. Pr.29:17
  3. Quand monsieur veut discipliner son enfant, madame se fâche. L'enfant apprendra à regimber et pourra finir ses jours derrière les barreaux de la prison. Pr.19:18
  4. Monsieur donne aux enfants une heure pour sortir et entrer que madame conteste. Les enfants sortiront et entreront quand bon leur semble.

5. Monsieur accepte d'aller à l'église le dimanche matin et refuse d'accompagner la famille aux services du dimanche soir. Les enfants comprendront qu'adorer Dieu le dimanche soir est facultatif voire inutile.
6. Monsieur veut «baptiser» son enfant sous prétexte qu'il avait déjà choisi le parrain et la marraine tandis que madame veut le présenter au temple suivant le protocole de la bible. Devenu grand, l'enfant n'ira dans aucune église.
7. Monsieur achète des jouets très chers pour l'enfant à l'insu de sa femme. L'enfant comprendra que seul son père l'aime et il apprendra à les gaspiller pour son malheur.
8. L'enfant est dorloté par sa mère qui consent à tout pour le surprotéger. L'enfant perdra le sens de l'initiative et ne pourra prendre une décision valable sans la dictée de sa mère.
9. Monsieur entend qu'on se lève tôt pour le sport matinal, tandis que madame veut garder l'enfant au lit sous prétexte qu'il est trop frêle pour se lever de si tôt. L'enfant ne sera pas prêt pour la lutte de la vie.
10. Les conflits iront jusqu' au domaine de la mode, de la coiffure, des heures des sorties, du choix des condisciples, et plus tard des relations amicales ou sentimentales. L'enfant sera inadapté, antisocial, déclassé.

II. Conseils à vous proposer:

1. Dans tous ces cas, les parents doivent débattre ces questions en privé. Une fois qu'on s'entend sur un fait de principe, ils doivent être conséquents avec eux-mêmes pour le maintenir. S'ils sont superficiels, indécis, les enfants les mépriseront et feront à leur guise.

2. Inutile de se jeter des blâmes. Vous risquez de détériorer les relations car chacun a ses préférences. Il vaut mieux faire des compromis pour ne pas compromettre l'éducation des enfants.

Questions

1. Ecrivez le verset du jour et tachez de le mémoriser.
2. Trouvez la vraie réponse:
    a. L'enfant peut être __ mal élevé __ mal éduqué __ mal appris
    b. L'enfant bien élevé ressemble __ à son père __ à sa mère __ à Jésus
3. Trouvez la vraie réponse:
    a. Pour corriger un enfant on doit __ l'humilier __ le punir __ lui donner tout.
    b. Pour instruire un enfant on doit __ l'envoyer au collège __ le comparer à l'enfant du voisin __ lui offrir de bons exemples.
    c. Pour mieux diriger la maison il faut __ un cellular phone pour chaque enfant __ une voiture pour chaque enfant __ une clé pour chaque personne __ un fait de principe adopté.
4. Trouvez la vraie réponse:
    a. L'enfant dorloté deviendra __ une vedette __ un vaurien __ un VIP
    b. Pour résoudre les conflits les parents doivent __ composer 911 __ discuter en en présence des enfants __ discuter en présence du Seigneur.

5. Trouvez la vraie réponse
   a. Pour résoudre les conflits il faut __ appeler les témoins des noces __ envoyer les meubles en consignation __ se faire des reproches réciproques __ appeler le pasteur __ appeler l'agent de police.
   b. La meilleure façon d'imposer silence à sa femme est __ de hurler sur sa tête __ de déchirer l'acte de mariage __ de lui parler avec douceur et charité__ de saisir la carte de crédit.
   c. Quand l'enfant refuse de se conformer aux principes de la famille, la meilleur chose à faire est de __ cacher tous ses habits __ détruire tous ses CD __ conduire le culte de famille dans sa chambre __ l'injurier __ faire appel à un conseiller des adolescents ou au pasteur.

Leçon 8
Le foyer chrétien et les conflits avec les beaux-parents.

Versets de base: Ge. 2:18-25; Ep.5: 22-31
Texte pour la classe: Ép.5: 22-28
Texte d'or: Femmes, que chacune soit soumise à son mari comme au Seigneur. Ep.5:22
Méthodes: discours, comparaisons, questions, discussions
But de la leçon: Montrer comment gérer les conflits d'ordre intime avec les beaux-parents.

Introduction
La relation entre les beaux-parents est une entreprise de tact et de diplomatie ou les crétins succombent faute de savoir-faire ou de prévoyance. D'où viennent les conflits? Voyons les différents cas possibles.

I. Quand les beaux-parents vivent dans la maison, le ménage ne peut s'épanouir.
1. La femme reçoit un ordre de son mari et un autre d'une mère autoritaire. Voilà le début d'un conflit. Ayant deux chefs à qui se soumettre à la fois, elle devient déprimée.
2. Le beau-père apporte de l'argent ou des habits à sa fille. Il laisse à son beau-fils l'impression qu'il est incapable de prendre soin de sa femme. Le plus souvent, c'est une démarche pour s'imposer dans les décisions du foyer.
3. La belle-mère veut savoir combien coute l'habit que son fils a acheté pour sa femme et commence par faire discrètement des scènes pour montrer qu'elle avait travaillé durement pour élever son garçon et c'est une autre qui en jouit. On dirait que son garçon n'est pas encore sevré du sein maternel

et qu'il est une marionnette de qui la maman doit tirer les ficelles.
4. Monsieur ne peut payer son loyer. Le voilà obligé de loger son foyer chez les parents de sa femme. Dès lors son respect et son droit de mari son hypothéqués sans aucune garantie de les reconquérir.
5. Lorsque les parents ont besoin d'assistance, si l'autre conjoint en parle, il ne fait que soulever une tempête.

II. Comment aborder ces problèmes.
1. Les règles du jeu devraient être posées avant le mariage.
2. Il faut donner d'abord priorité au ménage. 1Ti.5:14
3. Vous devez vous asseoir avec votre fiancé(e) pour définir les limites des responsabilités.
4. Il est toujours préférable que le monsieur soit prompt à émettre les chèques ou à faire les transferts adéquats aux parents de sa femme et vice-versa. Bien des ennuis seraient évités par cette méthode de transmission.
5. Si le mari a la charge d'un enfant en dehors du mariage, il est plus sage que la femme émette les chèques à cet enfant pour décourager une intimité dangereuse de son mari avec la mère de cet enfant, sa rivale.
6. Si l'enfant doit passer certaines heures avec son père, que ce soit à la connaissance de sa femme.
7. Jésus est la réponse à tous les cas, même impossibles. Il vous dirait que: «ces sortes de problèmes sont résolus par la prière et par le jeune.» Mt.17: 21

Conclusion: Quelles que soient les attaques à votre mariage, souvenez-vous de Jésus-Christ, le divin époux. Ayez-le comme votre référence suprême. Vous m'en donnerez des nouvelles.

Questions
1. Ecrivez le verset du jour et tachez de le mémoriser.
2. Trouvez la vraie réponse:
   a. Même si vous êtes marié, les parents ne perdent pas leur droit sur vous.
   b. Le sentiment de domination des parents ne peut pas être contrôlé.
   c. Tout ce qui peut nuire au mariage des époux doit être évité.
3. Trouvez la vraie réponse:
   a. Lorsque le mariage est dans la gêne, les parents doivent inviter leur enfant à déménager.
   b. Lorsque le mariage est dans la gêne, les parents peuvent aider avec respect.
   c. Lorsque le mariage est dans la gêne, les parents doivent inviter leur enfant à trouver un autre partenaire.
4. Trouvez les vraies réponses:
   a. Le mariage ne délie pas les conjoints du devoir d'assister certains parents.
   b. Le mariage n'est pas une condition pour nier les obligations envers les parents.
   c. Le mari doit rechercher sa dignité même lorsque les problèmes d'argent se posent.
   d. Tous les trois.
5. Trouvez les vraies réponses:
   a. La femme doit laisser faire son mari avec une rivale.
   b. La femme doit veiller aux relations de son mari avec sa première femme.
   c. La femme doit s'ingénier à montrer beaucoup plus d'amour à son mari.

6. Trouvez la vraie réponse:
   a. Il faut du tact pour vivre avec les beaux-parents dans une maison.
   b. Il faut beaucoup de patience pour la cohabitation pacifique avec les beaux-parents.
   c. Le foyer ne pourra jamais s'épanouir dans la cohabitation avec les beaux-parents.
   d. Les trois.

Leçon 9
Le foyer chrétien et les problèmes économiques.

Texte pour le moniteur: Pr.6:1-11; 10:4-5,22; 12:11; 13:4,7; 15:16; 18:9; 20:13; 24:33-34; 27:23-27; 28:8, 27; 31:10-31; Mt.5:42; 6:33; Lu.11:23; Ep.5:4
Texte pour la classe:Pr.27: 23-27
Texte d'or: Ne vous livrez pas à l'amour de l'argent; contentez-vous de ce que vous avez. **Hé.13: 5b**
Méthodes: discours, comparaisons, questions, discussions
But: Montrer aux couples comment gérant l'argent du ménage.

Introduction
L'un des problèmes majeurs de certains foyers est celui de l'argent, sa manière de le gérer face aux imprévus de toutes sortes. Mais il peut prendre des proportions effrayantes si le couple manque de vigilance. Enumérons certaines causes.

I. Causes.
1. Le mari investit dans des affaires non rentables.
2. L'un des partenaires jouent au hasard.
3. L'un des partenaires gaspille les revenus du foyer à la négligence des dépenses prioritaires. Il fait des dépenses en cachette et cherche à mentir à son fidèle conjoint. Chacun dépense pour son compte et se jette le blâme pour les dettes urgentes non payées.
4. L'un des partenaires est en chômage ou refuse de travailler alors que les dettes augmentent à une proportion inquiétante.
5. Lorsqu'il est difficile de contrôler le budget et que des menaces de repossession de voiture ou de maison sont imminents. A ce moment la joie disparaît par la fenêtre et l'orage des gros mots commence à gronder.

6. Lorsque l'un des conjoints fraude en dissimulant une dette insurmontable.
7. Des complications surviennent à cause des cas imprévus par exemple: une révocation, une réduction de salaire, un acte de Dieu (cyclone, tremblement de terre, tornade, volcan, tsunami,) ou un acte des hommes (vol, destruction, accident, incendie) ou bien un cas fortuit (maladie, mortalité, faillite, banqueroute, inflation)

III. Qu'en dit la bible?

1. Celui qui cultive son champ est rassasié de pain, mais celui qui poursuit des choses vaines, c'est-à-dire non rentables, est dépourvu de sens. Pr.12:11
2. Celui qui dépense follement en faisant le riche va connaître la disette. Pr.13:7
3. L'âme du paresseux a des désirs qu'il ne peut satisfaire; mais l'âme des hommes débrouillards sera rassasiée. Pr.13:4
4. Quand on donne au pauvre on investit à la banque de Dieu. Pr.28:27
5. Quand on honore ses père et mère on est béni. Ep.6:2-3
6. Quand vous jouez aux hasards, vous perdez la foi qui est un don de Dieu. Mieux vaut peu avec la crainte de l'Eternel qu'un grand trésor avec le trouble. Pr.15:16
7. Le sage propose la répartition tripartite des salaires:
    a. «Le lait des chèvres» symbolise le petit salaire pour la nourriture et les dépenses courantes.
    b. «Les boucs pour payer le champ» symbolise l'investissement pour payer l'hypothèque (mortgage, school loan)
    c. «Les agneaux pour te vêtir» symbolisent les frais d'assurance, d'éducation et de transport). Pr.27:26-27

8. Il décourage l'usage de la carte de crédit. Pr.28:8
9. Il encourage la contribution de la femme dans les dépenses au foyer grâce au travail diligent de ses propres mains. Pr.31:13-22
10. Cependant Dieu entend être votre associé dans la vie économique du foyer. Autrement vous irez certainement à la faillite. Voilà pourquoi vous donnez la dime. Mt.12 30; Lu.11:23

III. Dernières considérations:
1. A la vérité, il ne faudrait rien faire en cachette.
2. Jeter le blâme l'un sur l'autre, au lieu de résoudre les problèmes, ne fait que les augmenter. Au grand jamais, n'allez pas vous plaindre aux beaux-parents ni à des amis. Laissez-les vivre avec leurs problèmes. Occupez vous des vôtres devant le Seigneur. Il en a la solution.

Conclusion
Adam et Eve d'aujourd'hui, les problèmes de l'homme moderne ne sont pas modernes. Retournez, s'il vous plaît à Dieu. Son ruisseau est plein d'eau. Sa grâce est abondante et sa miséricorde insondable. Faites-lui connaître vos besoins par des prières et des supplications avec des actions de grâces et sa paix qui surpasse toute intelligence gardera vos cœurs et vos pensées en Jésus-Christ. Ps.65:10b; La. 3: 22; Ph.4:6

Questions

1. Ecrivez le verset du jour et tachez de le mémoriser.

2. Trouvez la vraie réponse:
   a. Un conjoint a droit de faire des dépenses majeures sans le consentement de l'autre.
   b. Un conjoint peut jouer aux hasards pour recouvrer un bien.
   c. Un conjoint doit décider avec l'autre des dépenses majeures à la maison.

3. Trouvez la vraie réponse:
   a. Un budget de famille est nécessaire surtout dans les familles de faible économie.
   b. Un budget est une contrainte morale qui entrave la marche du foyer.
   c. On peut dépenser comme on veut; Dieu y pourvoira.

4. Cochez les vraies réponses:
   a. Dans les cas de faillite économique on peut faire appel
   b. __ à un analyste financier __ au pompier __ au pasteur ___ au juge

5. Dans la clinique prénuptiale le pasteur discute avec les futurs époux sur
   a. Un horaire de famille.
   b. Une proposition de budget.
   c. Le régime qu'ils entendent adopter pour leur mariage.
   d. Le protocole du service de mariage.
   e. Tous les quatre.

6. Si on a de l'argent,
    a. on peut avoir plusieurs femmes
    b. Si on de l'argent, on doit rechercher la popularité.
    c. Si on a de l'argent on doit le gérer comme associé avec Dieu

7. Vrai ou faux
    a. Quand on est en faillite
    b. On doit consulter les beaux-parents. _ V _ F
    c. On doit changer de conjoint. _ V _ F
    d. On doit voir si l'on a été fidèle dans sa dime. _ V_ F
    e. On doit maudire Dieu et mourir. __ V __ F
    f. On doit blâmer son partenaire conjugal. __ V __ F

Leçon 10
Le foyer chrétien et les conflits sentimentaux

Texte pour la classe: Pr.6:2; 12:4,16; Ec.9:9; Cant.1:13; 4:7
Texte d'or: Maris, que chacun aime sa femme, comme Christ a aimé l'Eglise, et s'est livré lui-même pour elle. **Ep.5:25**
Méthodes: discours, comparaisons, questions, discussions
But: Signaler aux époux les obstacles à éviter pour conserver la chaleur de l'amour conjugal.

Introduction
Quand le monsieur vous disait «Je t'aime de tout mon cœur», c'était un théorème qu'il entendait démontrer pendant toute sa vie en ménage. Et quand la femme reste attachée à cet homme en dépit de tout, elle ne fait que ratifier le choix de ce mari «pour le meilleur et pour le pire.» Comment vont-ils tenir leur promesse? D'où viennent les conflits?

I. Les conflits débordent dans les rapports avec l'autre sexe.
1. Le mariage doit rester dans la transparence. Si vous avez une correspondance cachée soit par lettre, par téléphone ou internet avec l'autre sexe, c'est une trahison, une infidélité à la foi conjugale.
2. Le mari ou la femme peut prétexter qu'il s'agit d'un partenaire de travail. Mais pourquoi venir avec des conversations silencieuses et suspectes à la maison? Pourquoi les rentrées tardives injustifiées ? Où est le respect pour le conjoint, pour vous-même et pour Dieu?
3. Un conjoints reçoit en cachette, des cadeaux de gens qu'il lui est gênant d'avouer à son partenaire.
4. Il est trop tard après cinq ans, dix ans de mariage de présenter au conjoint un cousin ou une cousine dont il ou elle n'avait

jamais entendu parler. On n'invente pas un cousin ni une cousine non plus.
5. Le pire c'est de choisir comme témoin des noces un ancien amant ou amante ou bien une personne d'à peu près le même âge que l'un des conjoints.
6. En privé, vous montrez beaucoup d'attention au conjoint, (e) mais en public, vous le (la) négligez ou l'ignorez au profit d'un ou d'une autre ami (e). Vous avez même l'audace de l'humilier en public ou de ridiculiser sa tenue, son langage sous prétexte de plaisanterie.

II. Conséquences probables:

1. La colère rentrée ou le silence du mari peut déboucher sur une réaction violente et même musclée.
2. La frustration de la femme blessée dans sa dignité peut mettre en éruption un volcan de discordes dont les larves de vieilles paroles peuvent brûler des familles. Pr.12:16
3. La sécurité des enfants est compromise.
4. L'abandon temporaire du toit marital pour raison de sécurité pourrait être une option. A Dieu ne plaise !
5. Ce qui n'est pas à souhaiter:
    a. L'intervention, des étrangers, des inconvertis dans l'intimité du foyer pour rétablir la paix.
    b. L'intervention des beaux-parents pour défendre leur parti dans le ménage.
    c. L'intervention des forces de l'ordre pour chasser honteusement le mari de la maison.

III. Recommandations aux époux:

Pourquoi les époux n'avaient-ils pas pris un peu de temps pour discuter sur leurs relations et les conséquences de leur séparation éventuelle? La femme avait-elle exercé ses droits et joui de ses privilèges auprès de son mari? Le mari avait-il exercé son autorité sur sa femme comme un chef responsable et digne? Avait-il été un mari exemplaire, un époux fidèle? Pr.6: 27

1. Jouis de la vie avec la femme qu'aimes, pendant tous les jours de ta vie de vanité, que Dieu t'a donnes sous le soleil; car c'est ta part dans la vie. Ec. 9:9
2. La femme vertueuse est la couronne du mari, mais celle qui fait honte est la carie dans ses os. Pr. 12:4
3. Tu dois te garder de la femme étrangère qui distille de sa bouche des paroles flatteuses. Pr.2:16
4. Souvenez-vous de vos promesses de rester unis «pour le meilleur et pour le pire.»
5. Souvenez-vous que vous aviez bien dit: «Mon bien-aimé n'a point de défaut». Cant.4:7 «Mon bien-aimé passera la nuit entre mes seins.» Cant. 1:13
6. Rappelez-vous de tous les souvenirs heureux qui peuplaient vos jours de fiançailles.
7. Rappelez-vous enfin que toutes les voitures sont bonnes. Vous devez seulement savoir comment les conduire et les entretenir. Toutes peuvent tomber en panne. Jésus peut tout réparer.

Conclusion

Garde ton cœur plus que tout autre chose. L'amour dans le mariage s'exprime dans la concession, les compromis, le pardon et la réconciliation. Aucun divorcé honnête n'aura le courage de vous dire qu'il est heureux. Restez dans la prière et la crainte de Dieu. Votre mariage sera un succès.

Questions

1. Ecrivez le verset du jour et tachez de le mémoriser.
2. Trouvez la vraie réponse:
   a. L'infidélité conjugale commence avec trop d'attention envers une tierce personne.
   b. L'infidélité conjugale est permise si l'autre conjoint a une liaison.
   c. L'infidélité conjugale n'est pas un péché.
3. Trouvez la réponse la mieux appropriée
   a. Je peux toujours visiter ma cousine mariée à n'importe quelle heure.
   b. Ma cousine est ma cousine. Personne n'a le droit de douter de nos relations.
   c. Je suis habitué avec ma cousine depuis notre enfance. Pas de questions.
   d. Le mariage doit être respecté par tous.
4. Trouvez les réponses convenables.
   Dans les cas de conflits sentimentaux
   a. La sécurité des enfants peut être compromise
   b. Les biens en commun sont risqués en cas de violence.
   c. L'intervention des forces de l'ordre est possible en cas de bagarre.
   d. Les trois.
5. Trouvez les bonnes réponses:
   a. On peut toujours être gentil avec un partenaire de travail.
   b. Le snack avec un autre partenaire n'a rien d'offensant.
   c. Avoir ses partenaires de travail dans un diner de famille n'a rien d'offensant.
   d. Dieu en soi peut vous garder du mal avec un autre partenaire.

Leçon 11
Le foyer chrétien et les heures de loisir

Texte pour la classe: Ge.27: 1,13; 37:4-5; 1R.1:6; Mal.3:18; Mc.6:30-31; Ep.6:4

Texte d'or: Jésus leur dit: Venez à l' écart dans un lieu désert, er reposez-vous un peu. **Mc.6:31a**

Méthodes: discours, comparaisons, questions, discussions

But: Montrer la place importante des loisirs dans les relations de famille.

Introduction
Que c'est bon de jouer en famille? Jésus avait prescrit des moments de recréation aux disciples après une journée copieuse en activités spirituelles. En quoi est-il nécessaire? Mc.6:30-31

I. Il favorise un dégel dans les relations familiales
1. Les heures de détente rapprochent les membres de la famille. Les relations deviennent plus souples.
2. Les tensions tombent, et le dialogue est spontané. «On est bien à la maison quand règne l'amour», dit le chant.
3. On ne joue pas pour gagner mais pour rapprocher les membres de la famille dans une saine distraction.

II. Une meilleure disposition pour écouter et coopérer
1. L'enfant écoute mieux les parents quand il entre dans ce stade de relation. Il est plus prêt à coopérer et à obéir et l'enfant ne sera plus irrité. Ep.6:4
2. La discipline familiale sera exercée avec moins de rudesse

3. L'enfant sera plus à l'aise pour introduire ses amis dans le cercle de famille. Ainsi les parents auront à les connaître et à faire au besoin, des recommandations.
4. Tous se sentiront mieux disposés pour le culte de famille.

III. Une atmosphère de sécurité.
1. L'enfant aura ses parents pour amis. Il pourra mieux leur faire des confidences surtout sur ses sujets intimes et leur demander des conseils sans craindre d'être rebuté.
2. Si l'enfant doit participer à un tournoi, il sait que ses parents seront là pour le supporter et contribuer à son succès.

IV. Obstacles à surmonter :
1. L'horaire de travail différent des partenaires et des enfants peuvent nuire à une pareille initiative.
2. Les propos de dénigrement lancés sans raison peuvent décourager un partenaire.
3. Le manque de communication entre les conjoints et les enfants peuvent aussi être un obstacle majeur. Voyez David : il avait mal élevé Adonija et les conséquences étaient désastreuses. 1R.1:6
4. Les faveurs, les attentions accordées à un enfant au détriment d'un autre peuvent gâter l'atmosphère. Isaac et Rébecca ont commis cette erreur; chacun avait un fils préféré. Leur fils Jacob en fit autant en affectionnant son fils Joseph à l'exclusion des autres. Ge.37:3-4
5. L'absence d'une vie de prière peut tout compromettre. Mal.3:18

Conclusion
Autant que possible, jouez ensemble, mangez ensemble, priez ensemble et la maison sera un lieu de festins perpétuels. C'est là que l'Eternel enverra la bénédiction, la vie pour l'éternité.

Questions

1. Ecrivez le verset du jour et tachez de le mémoriser.
2. Trouvez la vraie réponse:
   a. Jésus recommande un moment de congé après un temps de travail absorbant.
   b. Jésus recommande un jour de repos pour le salut de l'âme
   c. Jésus invite tous à venir vers lui pour avoir le travail.
3. Trouvez les vraies réponses:
   a. Le loisir rend les gens paresseux.
   b. Le loisir resserre les liens entre les membres de la famille.
   c. Le loisir rend les enfants plus à l'aise dans le cercle de famille.
4. Vrai ou faux
   a. Un chrétien ne doit pas jouer, il faut racheter le temps, dit la bible.__ V __ F
   b. Un chrétien doit jouer au hasard pour contribuer à l'Église. __ V __ F
   c. Un enfant qui joue va négliger ses études.__ V __ F
   d. L'enfant doit jouer avec ses amis sur la rue. __ V __ F
   e. L'enfant doit jouer avec des condisciples sous la supervision des parents.__ V __ F

Leçon 12
Le foyer chrétien et les cas d'infidélité conjugale

Versets de base: No.5:6-7; Pr.18:22; Ez.18:20; Mal.2:16; Mt.5:27-28; 19:1-12; Lu.7:47; 10:37; Jn.8:1-11; Hé.13:4; Ap.22:15
Texte pour la classe: Mt.5:27-32
Texte d'or: Que le mariage soit honoré de tous, et le lit conjugal exempt de souillure, car Dieu jugera les débauchés et les adultères. **Hé.13:4**
Méthodes: discours, comparaisons, questions, discussions
But: Prévenir les chrétiens contre l'infidélité conjugale.

Introduction
Je suis bien gêné de venir avec ce sujet puisqu'il ne devrait pas être même nommé parmi nous. Cependant il existe. L'infidélité prend une proportion plus élargie si on doit l'interpréter à la lumière du mode de vie, des coutumes des peuples et des besoins. Comment la définir?

I. L'infidélité selon la bible
1. **Relation sexuelle en dehors du mariage**. Mt.5:27-28; 19:9; Jn.8:3-5
   Dans les temps bibliques, l'accent était surtout mis sur l'infidélité de la femme. Lors même qu'une femme fut prise en flagrant délit d'adultère, les pharisiens la présentaient pour être lapidée, mais le cocufié n'était même pas mis en cause. Il était épargné comme si on peut faire l'adultère tout seul.
2. **Le mépris des prescriptions divines du mariage**. Le lit conjugal doit être respecté. Ici il faut comprendre «le serment conjugal à respecter où que l'on soit » et non un matelas. Hé.13:4

3. **Le mépris de la qualité mystique du mariage.** Le mariage est un mystère à cause de l'empreinte de Dieu sur cette institution. Jésus déclare péremptoirement que «l'homme ne sépare pas ce que Dieu a joint.» Ainsi il condamne le plaçage qu'il n'a jamais initié ni béni. Mt.19:6
4. **La condamnation de ce vice.** L'adultère comme la répudiation sont à ses yeux des choses abominables Mal.2:16; Ap.22:15

II. L'infidélité dans un sens large

En tenant compte de la vie différente des peuples, des mœurs et des traditions, le terme infidélité prend différentes connotations. Elle doit être considérée d'après le mode de vie des gens et des besoins qui ont une incidence profonde sur les mariages. En effet, toute manœuvre frauduleuse avant ou pendant le mariage de nature à détruire la capacité de procréer ou à attenter au jour du partenaire ou à ses intérêts majeurs, est considéré comme un crime en violation du droit du conjoint.

III. Cas de fraude

1. Vous vous mariez à votre conjoint avec un nom alors que tous vos biens immeubles sont sous un autre nom au préjudice de l'autre conjoint. Cette démarche est faite dans le but de lui en enlever la jouissance.
2. Vous vous mariez à votre conjoint sous un nom tandis que vous êtes dans les liens d'un mariage non dissous avec une autre personne sous un autre nom commettant ainsi le crime de bigamie aggravé de tromperie flagrante.
3. Vous vous identifiez sous une profession que vous n'exercez pas pour tromper la bonne foi de votre conjoint.

4. Vous vous mariez avec les vierges de Satan, avec des loas sans que votre conjoint le sache.
5. Vous lui cachez des dettes énormes que vous avez contractées avant ou pendant le mariage et dont le montant excède la capacité du couple de les payer.
6. Vous avez perdu votre puissance sexuelle avant le mariage sans l'avouer au préalable à votre conjointe.
7. Vous avez fait la ligature des trompes ou bien vous avez une insuffisance de nature à vous enlever l'aptitude à la procréation et tout cela à l'ignorance de l'époux qui aurait voulu avoir de vous des enfants.
8. Vous pratiquez l'onanisme sur votre femme sans son consentement.
9. Vous êtes homosexuel, lesbienne ou bisexuel sans le déclarer à votre conjoint qui devrait en connaître.
10. Vous avez un enfant adultérin que vous légitimez à l'insu de votre femme.
11. Vous avez un ou des enfants d'un autre lit et vous en faites la déclaration tardivement à votre partenaire pour lui enlever toute velléité de contestation.
12. Vous cachez à votre conjoint une maladie infectieuse, contagieuse et incurable.
13. Vous êtes condamné à une peine afflictive et infamante pour vol à main armée, pour viol, trafic illicite de drogue, pour homicide à l'insu de votre conjoint.
14. Vous êtes condamné à perpétuité pour crime de haute trahison. Tous sont des cas de fraude ou de manœuvre frauduleuse capable de nuire à la vie ou aux intérêts de l'autre conjoint. Ils entrent dans la catégorie d'infidélité conjugale.

A. **Quelles en sont les solutions probables?**
1. Le premier offensé n'est pas vous, mais Dieu. «Lorsqu'un homme ou une femme péchera contre son prochain *en commettant une infidélité à l' égard de l'Eternel*, et qu'il se rendra coupable, il confessera son péché et il fera restitution. No.5:6-7
2. Quels que soient les torts que puisse vous causer votre conjoint, aucun d'eux n'égale celui qui a conduit notre Sauveur à la croix. Jésus, le divin époux nous a pardonnés au nom de l'amour parce qu'il veut être fidèle à son engagement «pour le meilleur et pour le pire.»
3. Il m'a dit «vas et fais de même», car l'âme qui pèche est celle qui mourra. Ez.18:20; Lu. 10:37

B. **Questions captieuses**
Peut-on divorcer? Peut-on se séparer de corps? Se remarier? C'est autant nous demander «Peut-on profiter de ses erreurs?»
1. Si vous avez un scorpion, aviez-vous demandé à Dieu un œuf? Si vous avez une pierre, êtes vous conscient d'avoir demandé à Dieu un poisson?
2. Depuis le jardin d'Eden, la chute de l'homme a eu pour point de départ la séduction par sa femme. Dieu a puni les deux. Adam n'a jamais divorcé Eve et ne s'était non plus séparé d'elle. A la vérité, il n'avait pas d'autres choix.
3. Tout le problème est dans le savoir pardonner et dans quel degré on avait aimé. Lu.7:47
4. Après tout, vous avez le partenaire que vous méritez. Votre devoir était de justifier votre promesse d'aimer «jusqu'à ce que la mort vous sépare.» Vous avez misérablement failli.

Conclusion:
Vous qui êtes avertis, mettez vous sur vos gardes de peur qu'entrainés par l'égarement des impies, vous ne veniez à déchoir de votre serment conjugal. Et pour vous qui n'êtes pas encore engagés, donnez à Dieu la chance de vous choisir votre partenaire car une femme est un don de Dieu. Pr.18:22

Questions

1. Ecrivez le verset du jour et tachez de le mémoriser.
2. Trouvez la vraie réponse:
   a. D'après la bible l'infidélité se limite à l'adultère.
   b. Si on paie une prostituée, pour coucher avec elle, on ne pèche pas.
   c. S'il n'y a pas de grossesse déclarée on ne pèche pas.
3. Trouvez la vraie réponse:
   a. Je n'ai pas besoin d'un pasteur pour célébrer mon mariage. Je peux le faire tout seul avec ma fiancée.
   b. J'ai besoin de Dieu dans mon mariage pour former une trinité entre lui, ma femme et moi.
   c. Je peux me marier sous contrat pour un certain temps et divorcer ensuite.
4. Trouvez la vraie réponse:
   a. Si je trompe ma femme, elle en est cause.
   b. On ne peut tout dire à une femme.
   c. Le mariage doit vivre dans la transparence. On doit tout dire à sa femme.

5. Trouvez la vraie réponse:
    a. Dieu m'a fait avec mes sens pour être homosexuel. Je dois aller vers les hommes.
    b. Adam avait une seule femme, voila qui le rendit malheureux.
    c. Dieu ne pouvait créer tout le monde avec les mêmes tendances.
    d. On doit inviter Dieu dans le choix de son partenaire.

Récapitulation des versets pour le trimestre
Série 4   Le foyer chrétien
Tome 6

Leçon 1 L'origine du foyer
C'est pourquoi, l'homme quittera son père et sa mère, et s'attachera à sa femme et ils deviendront une seul chair. Ge.2:24

Leçon 2 La fondation de la famille
Et l'homme dit: Voici cette fois celle qui est os de mes os et chair de ma chair! On l'appellera femme parce qu'elle a été prise de l'homme. Ge.2:23

Leçon 3 Le foyer chrétien et le culte de famille
Tu les inculqueras à tes enfants, et tu en parleras quand tu seras dans la maison, quand tu iras en voyage, quand tu te coucheras et quand tu te lèveras. De.6:7

Leçon 4 Le foyer chrétien et l'éducation sexuelle
Instruis l'enfant selon la voie qu'il doit suivre, et quand il sera vieux, il ne s'en détournera pas. Pr.10:22

Leçon 5 Le foyer chrétien et l'éducation sociale
Et vous, père, n'irritez pas vos enfants, mais élevez-les en les corrigeant et en les instruisant selon le Seigneur. Ep.5:4

Leçon 6 Le foyer chrétien et le rapport avec les beaux-parents
Ainsi, ils ne sont plus deux, mais une seule chair. Que l'homme ne sépare pas ce que Dieu a joint. Mt.19:6

Leçon 7 Le foyer chrétien et les conflits dans l'éducation des enfants
Je veux que les jeunes se marient, qu'elles aient des enfants, qu'elles dirigent leur maison, qu'elles ne donnent à l'adversaire aucune occasion de médire.1Ti.5:14

Leçon 8 Le foyer chrétien et les conflits dans l'éducation des enfants
Femmes, que chacune soit soumise à son mari comme au Seigneur. Ep.5: 22

Leçon 9 Le foyer chrétien et les conflits avec les beaux-parents
Ne vous livrez pas à l'amour de l'argent; contentez-vous de ce que vous avez. Hé.13:5b

Leçon 10 Le foyer chrétien et les problèmes économiques
Maris, que chacun aime sa femme, comme Christ a aimé l'Eglise, et s'est livré lui-même pour elle. Ep.5:25

Leçon 11 le foyer chrétien et les conflits sentimentaux
Jésus leur dit: Venez à l' écart dans un lieu désert, er reposez-vous un peu. Mc.6:31a

Leçon 12 Le foyer chrétien et les cas d'infidélité conjugale
Que le mariage soit honore de tous, et le lit conjugal exempt de souillure, car Dieu jugera les débauchés et les adultères. Hé.13:4

TORCHE BRULANTE

LEÇONS SPECIALES

Leçon 1
La Pâques, une nouvelle V R A I E

V enue de Jésus-Christ.
R ésurrection de Jésus-Christ
A vènement de Jésus-Christ
I llumination de Jésus-Christ
E ternité avec Jésus-Christ

Versets de base: Ps.121:6; Es.55:1; Mt.24; 25:34; 28:12-17; Lu.24:5-6; Jn.3:18; 5:24; 10:28; 14:3; 19:30; Ac.7:60; 1Co.15:54-57; 2Co.5:1; Ep.1:6; 1Th.4:16-17; 2Th.4:14; 1Ti.3:16; He.10:20; 11:4-40; 1Jn.1:7; Ap.4:11; 7:14-17; 22:3-5

Texte pour la classe: Math.28:1-10
Texte d'or: Jn.14:3
But: Montrer l'impact de la venue de Jésus-Christ sur la destinée des citoyens de la planète.
Méthodes: Comparaisons, discussion

Introduction:
Une nouvelle vraie, une bonne nouvelle. Elle vient d'en-haut. Comment la faire circuler?

I. Sa venue
Jésus est venu parmi nous. Il vient pour nous sauver. Il part de Bethleem vers la croix, de la crèche vers Golgotha.
Résultats:
Il est mort et est glorieusement ressuscité.

II. Sa résurrection
1. Annoncée par lui-même. Mc.10:33-34

2. Confirmée aux deux Marie *par un ange* debout au bord de la tombe. Il leur annonça la résurrection de Jésus et leur indiqua son adresse en Galilée où ses disciples viendraient le rejoindre. Mt.28:5-7; Mc.16:7

Résultats:
1. Le tombeau resta vide. (1) Lu.24:5-6
2. Les sacrificateurs, pris de peur, payèrent des soldats pour nier sa résurrection. Mt.28:12-14
3. Les disciples le rejoignirent en Galilée et l'adorèrent. Mt.28:16-17
4. La victoire sur la mort, le diable, le monde, la chair est acquise. 1Co.15:54-57
5. L'évangile de Judas vient trop tard car le Christianisme a déjà fait ses preuves.

III. Son avènement
1. Jésus l'annonce lui-même aux disciples. Jn.14:3
2. Il se déclare le seul chemin pour parvenir au Père. Il a tracé cette route au-dedans du voile de sa chair pour nous donner accès au Père. Jn.14:6; He.10:20
3. Il donne des signes de son avènement. Mt.24
4. Cette fois, *un archange* va l'annoncer. 2Th. 4:14

Résultats:
1. L'Eglise sera enlevée. Mat.24: 39-40; 1Th.4:16-17
2. Les hommes rendront l'âme de terreur. Il y aura des pleurs et des grincements de dents pour les méchants, les pécheurs impénitents. Mt.24:51

IV. L'illumination
Jésus sera dans la gloire avec les saints. 1Ti.3:16; Ap.4:11
Processus:
Pour passer d'un pays a un autre, il faut:

1. Un bureau d'immigration pour délivrer un passeport soutenu par votre Certificat de Bonne Vie et Mœurs obtenu du Bureau des Contributions.
2. Une ambassade du pays où vous irez pour valider le passeport avec un visa.
3. Un billet d'avion.
4. Un service de vérification des bagages et des passagers.
5. Un employé de l'avion pour vous donner votre carte d'embarquement (Boarding-pass) et vous assigner votre siège à bord de l'avion.
6. Un pilote et un aviateur pour le vol.
7. Un employé de l'avion pour confirmer votre carte d'embarquement et vous laisser passer.
8. Un opérateur à la tour de contrôle pour décider de l'heure du décollage de la piste d'envol.
9. Un port d'embarquement et de débarquement.
10. Un service d'immigration au port d'accueil
11. Un guichet de service pour accueillir les citoyens d'origine.
12. Une personne désignée ou qui vous connaît pour vous voiturer et vous conduire à votre hôtel ou à votre maison de séjour ou de résidence.

V. Jésus est tout cela:
1. Il donne le passeport pour la vie éternelle à la croix du calvaire. Jn.19:30
2. Il le signe avec le visa de son sang versé. 1Jn.1:7
3. Il a tout payé pour nous. Es.55:1; Eph.1:6
4. Celui qui croit en lui n'est point jugé (pas de vérification de passager) Jn.3:18

5. Il sera à la porte entre le temps et l'éternité pour nous donner accès à la maison du Père. Jn.14:6
6. Il est notre pilote. Il est notre avion. Jn.5:24; 11:25
7. Il nous donne une parfaite assurance. Jn.10:28
8. C'est lui qui décide de notre départ et de notre arrivée des maintenant et pour l'éternité. Ps.121:6
9. Il a pour nous une demeure éternelle qui n'a pas été fait de main d'homme. 2Cor.5:1
10. Nous serons accueillis comme Etienne. Act.7:60
11. Il nous dira : Bienvenue dans son royaume comme des VIP dans le Seigneur. Nous n'aurons pas à nous inquiéter de nos bagages. Personne pour les fouiller. Jésus s'en charge. Nos œuvres nous suivront. Mat.25:34. Apo.14:13
12. Il nous introduira à son Père. C'est là que nous ferons la connaissance des héros de la foi dont nous parlons tant. He.11:4-40

V. L'éternité
   a. Une vie de service avec Jésus. Apo.7:14-15
   b. Une vie de bonheur dans la présence de notre Dieu. Apo.7:16-17; 22:3-5

La résurrection de Jésus-Christ est la clé de notre rédemption. Qu'Il soit ressuscité en nous dans nos mœurs, dans nos actes pour que nous soyons glorifiés avec lui!

Conclusion
Cette histoire est vraie. Que Dieu soit reconnu pour vrai et tout homme pour menteur.

Questions

1. Que veut dire VRAIE dans cette leçon?
   a. Venue, Résurrection, Avènement, Illumination, Eternité.
2. Qui a annonce la présence de Jésus-Christ? Un ange
3. Qui annoncera son avènement? Un archange
4. Qui assure le service d'immigration pour le ciel? Jésus-Christ
5. Quelle est la clé de notre rédemption? La résurrection de Jésus-Christ

---

Je suis entré trois fois dans cette tombe en Novembre 2005, en Juillet 2006 et en Novembre 2007: Elle était vide!

Leçon 2
La Fête Des Mères, Fête De La Maternité

Texte pour le moniteur: Ge.2:22; Jg. Chap.9; 1R.1:6-24; Ps.19:1, 17:15; 127:3-5; Jn.8:1-11; 2Co.5:17; Ep.6:1-4
Texte pour la classe: Ep.6:1-4
Texte d'or: Ep.6:2-3
Méthodes: Discours, questions
But: Célébrer la maternité.

Introduction
S'il n'y avait pas de femmes, comment serait le monde? Prenons au moins un jour pour y penser. En réalité, comment définir la Fête des mères?

I. C'est La célébration de la maternité
1. La naissance reçue d'une mère nous donne droit au partage des biens de la terre. Si nous n'étions pas nés, nous ne saurions en jouir.
2. Elle nous permet de découvrir et d'apprécier les merveilles de Dieu. Ps.19:1
3. Elle nous permet d'aimer les enfants et de continuer à en avoir. Ps.127:3
4. Elle nous encourage à fonder un foyer et à créer une famille. 1Tim.5:14

II. C'est l'exaltation de l'héroïsme
En mettant au monde un enfant, la femme n'a pas peur d'en souffrir. Jn.16:21

1. Si le père forfait à sa responsabilité paternelle, la mère au contraire, n'a pas de choix. Elle va élever son enfant à ses frais et parfois au prix de sa dignité.
2. La mère accepte tous les sacrifices, le sacrifice de son temps, de ses préférences, de sa personne, de ses nuits perdues, tout, pour le bien-être de son enfant

III. Le mérite exclusif de la femme-mère
1. Beaucoup d'enfants ont grandi sans l'assistance d'un père responsable. Ils sont les produits des passions charnels entre un homme et une femme.
2. Plusieurs ne connaissent pas leur vrai père. Ils grandissent avec l'intuition que quelque chose leur manque. Ce quelque chose est la sécurité que procurent l'autorité et la présence du père. L'enfant grandit avec caprice, et il sait qu'avec des pleurs il peut tout obtenir d'une mère qui n'a pas tout. Il abuse donc l'autorité maternelle qui n'est que pure faiblesse.

Conséquences:
A. Un déséquilibre dans l'ordre social.
1. L'enfant grandit avec un esprit chagrin et aigri à cause de l'insatisfaction. C'est avec tristesse que nous voyons Adonija, un fils non-désiré du roi David. Son père ne lui avait jamais donné aucune attention ni en bien ni en mal. 1Roi.1:6 Il devint donc jaloux et toujours irrité contre Salomon, l'enfant préféré. Et c'était pour sa perte. 1Roi.2:15, 24
2. Il me semble le voir tout petit en train de crier, de rouler par terre pour tout avoir de sa mère.

B. **Un déséquilibre dans la vie nationale.**
   1. Devenu grand, l'enfant conserve la manie de revendiquer par des grèves et des manifestations musclées pour obtenir justice. 1Roi.1:7-10
   2. Il grandit sans l'aide d'un père soucieux de son éducation et connaîtra ainsi un déséquilibre dans sa personnalité.
   3. Il désobéit aisément. Par conséquent, il ne saura non plus commander. 1Roi.1:7-10
   4. Il croira que gouverner c'est réagir avec rudesse et méchanceté.
   5. La société sera vite fatiguée de cet énergumène.

IV. **Que conseiller à ces mères?**
   1. La présence de Jésus dans leur vie. Il est capable de tout changer. 2Cor.5:17
   2. Qu'elle sache que tous ont commis des erreurs dans la vie. Beaucoup de femmes ont été trompées de bonne foi. Seulement que ce soit une fois et non pas toujours. Jésus avait dit à la femme adultère: Vas et ne recommence pas. Jn.8:11
   3. L'assistance d'un psychologue est absolument nécessaire pour aider la femme-mère à s'accepter et à faire surface dans une société très lente à pardonner.
   4. L'affiliation à une Association monoparentale où l'on dispense des cours de rattrapage est une initiative louable.
   5. Qu'elle ait un jour le courage de raconter à son enfant ses erreurs du passé pour qu'il ne les répète pas ou ne la reproche pas sans raison. Qu'elle évite de blâmer le père irresponsable en son absence pour ne pas nourrir la vengeance dans son cœur. Qu'elle prenne fait et cause pour elle-même!

Conclusion:
Sachez que nous aurons tous à souffrir pour nos fautes. Mais Dieu n'en tient pas compte quand il veut bénir un enfant prédestiné, même adultérin comme Salomon.
Gloire à Dieu pour la maternité! Gloire à Dieu pour la famille! Gloire à Dieu pour la nation! Bonne Fête à toutes les mamans!

Questions

1. Qu'es-ce-que en réalité nous célébrons à la Fête des Mère? La maternité
2. Quel est l'avantage de la maternité?
    a. Nous avons des enfants qui viennent pour jouir des biens de la terre,
    b. pour découvrir les merveilles de Dieu dans la nature.
    c. Elle nous encourage à fonder un foyer et une famille.
3. Qu'est-ce-que nous louons dans la femme?
    Elle n'a pas peur de souffrir pour son enfant. Elle peut l'élever au prix de grand sacrifice.
4. Quel est le mérite de la femme monoparentale?
    Pour la plupart, elles élèvent leurs enfants sans l'assistance d'un père responsable.
5. Quel est l'inconvénient à ce genre d'éducation?
    Elle est souvent boiteuse. L'enfant grandit avec un manque de sécurité.
6. Quelles en sont généralement les conséquences pour la société? L'enfant est irrité, aigri, jaloux.

7. Quelles en sont les conséquences pour la vie nationale?
    a. L'enfant croit qu'il doit faire du bruit pour tout obtenir.
    b. Il veut commander quand il n'avait jamais appris à obéir.
    c. Il peut devenir méchant.
8. Que conseiller à la femme monoparentale?
    a. La conversion.
    b. La résolution de ne pas continuer avec un autre copain trompeur.
    c. L'assistance d'un psychologue.
    d. L'étude, l'apprentissage d'un métier.
    e. L'aveu de ses erreurs à son enfant quand il est en âge de comprendre.

Leçon 3
La Fête Des Pères

Versets de base: Ge.1:26-31; 2:15-22; Ex.20:1-17; 31:4-6; Mt.13:55; Ep.6:2-3
Texte pour la classe: Ep.6:1-4
Texte d'or: Ep.6:2-3
Méthodes: Discussion, questions
But : Montrer que la fête des pères devrait commencer depuis Adam

Introduction
Allons mon vieux! Qui a fait un trou à votre tambour au lendemain de la fête des mères au point de passer sous silence la fête des pères? Dieu n'a-t-il pas dit d'honorer «ton père **et** ta mère? Ex.20:12; Ep.6:2-3. Si vous feignez de l'ignorer, je m'en vais vous dire ce qu'elle est.

I. C'est la célébration du devoir Ge.1:27
1. Dès le commencement, Dieu a remis à Adam le soin de diriger la planète.
2. Il devait donner des noms aux hommes, aux animaux, aux plantes, à toutes choses. Ge.2:19-20
3. Il devait travailler à conserver les espèces par l'entretien et la reproduction. Adam avait de la besogne. Il ne saurait s'ennuyer. Ge.2:15
4. Il devait passer des instructions à ses descendants pour la continuation de son travail. Ge.2:15
5. Le temps viendra pour lui de rendre compte à Dieu dont il devient l'associé.

6. C'est à lui de prendre les risques pour défendre sa famille, sa patrie.
7. Que tous les pères de famille sachent qu'ils sont avant tout redevables envers Dieu de la gérance de leur famille, de leur société, de leur nation et du globe terrestre.

II. C'est la célébration du pouvoir. Ge.1:26
1. Dieu a ordonné à l'homme de dominer sur toutes choses. Vous comprenez pourquoi il domine l'espace avec des satellites, des stations orbitales, des avions.
2. Il domine la mer avec des bateaux, des sous-marins, des torpilleurs.
3. Il domine la terre avec des voitures de toutes catégories
4. Il domine les plantes, le sous-sol, maintient, transforme et adapte la nature à ses besoins.
5. Il est chef de famille, chef de gouvernement. C'est à lui de décider du sort de la famille ou de la nation. Vous comprenez pourquoi nous avons des inventeurs, des rois, des industriels en majorité des hommes. Ex.31:4,6

III. C'est la célébration du savoir.
1. Adam avait pour devoir de connaître le comportement des hommes et leurs dons, de connaître les animaux et leur utilité, de connaître les choses et leur propriété. C'est pourquoi il devait savoir quel nom leur donner à chacun. C'était son rôle comme l'associé de Dieu dans la création. Ge.2:20
2. Il devait savoir comment se protéger et comment les protéger.
3. Il devait développer la connaissance en allant de l'empirisme au scientifique.
4. Ainsi le père de famille est appelé à conduire son enfant à l'école, à consulter son bulletin mensuel, à contacter ses

professeurs pour connaitre le comportement de son enfant en classe, enfin à le supporter dans les compétitions sportives.
5. Il gratifiera l'enfant pour ses succès.
6. L'école n'est pas seulement le centre de formation. Le père est appelé à initier son enfant dans son métier. L'enfant apprendra à ne pas avoir peur de prendre des risques pour avoir été à l'école de son père. Jésus était charpentier comme Joseph, son père nourricier. Mt.13:55

Conclusion
Que les pères soient honorés pour ce qu'ils sont. Adam est la première invention de Dieu à stature verticale. Donnez aux pères toute leur valeur en tant que premier associé de Dieu.

Questions

1. La fête des pères est-elle biblique? Dites pourquoi.
   Elle est biblique parce Dieu demande d'honorer nos père et mère
2. Que célébrons-nous à la fête des pères?
   Le devoir, le pouvoir et le savoir
3. Quel était le rôle d'Adam? Gérer la planète
4. Donnez des détails sur son rôle.
   Donner des noms aux éléments de la planète, cultiver la terre et rendre compte à Dieu
5. Qui dirige les nations? Les hommes
6. Qui prend les risques pour sauver la patrie? Les hommes
7. Qui doit initier l'enfant au travail? Le père de famille
8. Comment apprécie-t-il son enfant?
   Par des récompenses, des notes d'encouragement
9. Quelle était la première invention de Dieu à stature verticale?
   Adam
10. Qu'est-ce-que nous honorons dans le père de famille?
    L'associé de Dieu.

Leçon 4
La Réformation

Versets de base: Jn.4:35; Ac.20:24; Ro.1:17; Ph.3:13-14; Col.1:27
Texte pour la classe: Ro.1:15-17
Texte d'or: Jn.4:35
Méthodes: Comparaisons, discussion, questions
But: Développer le leadership dans l'église

Introduction
Dans les périodes de grande dépression économique ou de dégradation morale et spirituelle, il s'est toujours élevée une voix que tous les aspirants au changement doivent écouter. Martin Luther était venu en son temps et il s'était levé, avec en main le marteau de la Réformation, saper les bases d'un Christianisme sans Christ. Le protestantisme est né de ce mouvement. Voilà qui nous amène à considérer les qualités du réformateur.

I.   Un redresseur
1. Il voit ce qu'il faut corriger: Il fait des recherches sur le sujet à débattre.
2. Il consulte les prédécesseurs et surtout sa conscience
3. Il classifie ses trouvailles et les documente.
   Martin Luther, un moine du monastère de l'ordre des Augustin était choqué quand un de ses paroissiens lui apporte un document écrit appelé Indulgence qu'il vient d'acheter de Tetzel, un agent du pape, pour le pardon de ses péchés. Le document stipule que quand l'argent est tombé dans la caisse du pape, l'âme du défunt sort du purgatoire pour aller au ciel. Luther a vite fait de clouer sur la porte de son église à Wittenberg, 95 thèses pour dénoncer les erreurs

de l'église. (*Voyez Torche Brulante, Livre du maitre numéro 2*)

II. Un visionnaire

Il ne voit pas sa famille, son salaire, sa personne mais le salut de son peuple et du monde comme un Martin Luther King dans son rêve pour une Amérique pour tous les fils du continent quelque soit leur couleur.

III. Un intransigeant

Nous sommes au début du seizième siècle, la sainte Bible n'était pas encore populaire. Luther arrive à découvrir dans la bible que le salut s'obtient seulement par la foi. Mis en demeure de renier ses dogmatiques et ses commentaires sur la bible, Luther dira: «Si vous voulez que je renie ces écrits, montrez-moi mes erreurs par les Ecritures. Autrement, que Dieu me soit en aide.»

Paul dira: «je ne fais pour moi-même aucun cas de ma vie comme si elle m'était précieuse... Il a accepté de prendre tous les risques pour défendre son idéal: «Christ, l'espérance de la gloire. Ac.20:24; Col.1:27

Il est allé jusqu'au bout avec ses idées. Oubliant ce qui est en arrière et me portant vers ce qui est en avant (son idéal), je cours vers le but pour remporter le prix de la vocation céleste de Dieu en Jésus-Christ. Ph.3:13-14

Résultats:

1. Le protestantisme à travers le monde. Des millions d'âmes sont sauvées.
2. La liberté est prônée par la bible dans les pays des sauvages des Iles Polynésiennes, Mélanésiennes, Micronésiennes d'Hawaï.

3. La prière du Seigneur fut lue sur la lune le 20 Juillet 1969

Conclusion
Si vous n'avez pas de vision spirituelle, levez les yeux et regardez. Jn.4: 35

Questions

1. Identifiez les qualités d'un réformateur.
   Redresseur __ Chauffeur __ Visionnaire __ Intransigeant __ __
   Bavard __ un sacrifié
2. Cochez la vraie réponse
   Les indulgences étaient vendues par __ Michel __ Tetzel __ Raphael.
3. Vrai ou faux
   Martin Luther était le père de Martin Luther King __ V __ F
4. Toussaint Louverture était un leader américain __ V __ F
5. Le protestantisme est né de la Réformation __ V __ F
6. Le visionnaire voit ses intérêts avant tout. __ V __ F

Leçon 5
THANGSGIVING DAY

La louange, un état d'âme permanent
Texte pour le moniteur: Job.42; Ps.33:1; 34; 100; 117; 118
Texte pour la classe: Ps.34:1-6
Texte d'or: Ps.34: 1
Méthodes: Discussion, comparaisons, questions
But: Montrer comment la louange reflète le caractère du croyant sincère.

Introduction
Il ne faut pas confondre la louange avec la flatterie. La louange vient du cœur alors que la flatterie vient de la raison; elle est pure manipulation pour exploiter la crédulité des simples. Et pourquoi David voulait-il bénir l'Eternel en tout temps ? Ps.34:1

I. Circonstances
David fuyait devant le roi Saul pour sauver sa vie. Il se rendit à Nob où il rencontra le sacrificateur Achimélec. La faim le tenaillait au point qu'il réclamait de manger les pains de proposition qu'on avait ôté de devant l'Eternel. 1S.21:6 Achimélec lui en donna et en distribua à ses hommes. Il lui donna aussi l'épée de Goliath qui gisait dans le temple. Ceci fait, David se leva et s'enfuit dans le territoire des philistins, chez Akisch, roi de Gath. Voyant sa sécurité menacée avec sa faible escorte, il contrefit l'insensé devant le roi qui trouva une bonne raison pour le congédier. Voyons le comportement de David dans ce moment d'adversité :
1. Il dira «Je bénirai l'Eternel en tout temps et sa louange sera toujours dans ma bouche. PS.34:1

2. Quand on tourne vers lui les regards, on est rayonnant de joie. V.6
3. Quand un malheureux crie l'Eternel entend et agit. V.7
4. Rien ne manque à ceux qui le craignent. V.10
   a. Le pain en tout temps v. 11b
   b. La protection, la délivrance en tout temps. V.8.
   c. Dieu est attentif à leurs cris en tout temps. V.18
   d. Il guérit les cœurs abattus. V.19

II. **Sa permanence**
  1. Si Dieu est fidèle en tout temps, nous devons le louer en tout temps, même dans les circonstances que nous ne pouvons comprendre, car Dieu ne peut faire du mal.
  2. Nul ne peut manipuler Dieu. Et pourquoi dira-t-il «dehors les chiens» c'est-à-dire les flatteurs? C'est parce que dans ciel, il n'y aura pas d'os à sucer. Le flatteur se retire après avoir obtenu satisfaction, tandis que les yeux du chrétien restent fixés sur Jésus pour le contempler et lui obéir. Hé.12:2
  3. Quoique le chemin du calvaire soit étroit et périlleux, quoique le chrétien soit parfois mal jugé, qu'il endure l'injure et le mépris, il continue à chanter «Jusqu'au bout, je veux te suivre dans les bons les mauvais jours.»

Conclusion: Quand Dieu vous éprouve avec des souffrances, louez-le comme David, votre délivrance n'est pas loin. Et si vous voulez faire comme Job en le louant pour toutes les pertes, attendez le profit au double avec une longue vie pour en jouir. Job.42:10-15

Questions

1. Indiquez les moments où il faut louer l'Eternel
   __ Dans le succès __ dans l'échec __ dans la santé __ dans la souffrance.
2. Etablissez la différence entre la louange et la flatterie
   Dans la louange on voit Dieu qu'on loue avec son cœur
   Dans la flatterie on voit son intérêt personnel dans la personne qu'on loue.
3. Combien de flatteurs seront-ils au ciel? Aucun
4. Où était l'épée de Goliath après sa défaite? Dans le temple de l'Eternel.
5. Quelle était l'attitude de Job après ses calamités? Il louait l'Eternel.
6. Quel en était le résultat? Dieu lui donnait 2 fois plus de richesses et une longue vie.

Leçon 6
Fête de la Bible

Versets de base: Ge. Chap 1 à 3; Job.36:26; Ro.1:20; Jc.1:17
Texte pour la classe: Ge.1:1-3
Texte d'or: Job.36:26 Dieu est grand mais sa grandeur nous échappe. Et le nombre de ses années est impénétrable.
Méthodes: Comparaisons, discussion
But: Montrer que seule la Bible donne des preuves irréfutables de Dieu comme le père de la création.

Introduction
Les livres écrits par l'homme peuvent être entachés d'erreur. Ce qu'on proclame comme vrai aujourd'hui peut être rejeté comme faux demain. La Bible, Le livre de Dieu est la vérité éternelle. Dans cette leçon nous allons nous limiter à deux faits.
I. La Bible est un livre de preuves.
   5. Ce que Dieu dit, il **l'achève**:
      a. Que la lumière soit! **Et la lumière fut.** Ge.1:3
      b. Qu'il y ait des eaux dans l'espace et des eaux sur la terre séparées par une étendue. **Et cela fut ainsi.** Ge.1:7
      c. Que la terre se sépare de la mer. **Et cela fut ainsi.** Ge.1:9
      d. Que la terre produise de la verdure. **Et cela fut ainsi.** Ge.1:11
      e. Qu'il y ait deux luminaires pour éclairer la terre. Le soleil pour présider au jour et la lune pour présider a la nuit. **Et Dieu vit que cela était bon.** Ge.1:14-19
      f. Dieu dit: Que les animaux soient créés pour peupler la mer et l'espace et qu'ils multiplient. **Et Dieu vit que cela était bon.** Ge.1:21
      g. Dieu dit: Que la terre produise des animaux vivants. **Dieu vit que cela était bon. Ge.1:25**

h. Dieu dit: Faisons le genre humain comme notre représentant sur la planète. **Dieu vit que cela était bon.** Ge.1:31

Ainsi fut **achevés** les cieux et la terre et leurs composants. En d'autres termes, Dieu a le copyright de toutes ses œuvres. Nul n'a pu et ne peut et ne pourra les reproduire. C'est ici la preuve de sa souveraineté et de son droit d'auteur sur la création.

6. **Ce que Dieu fait, il le met dans un ordre parfait.**
   a. Le premier jour, Il fait venir la clarté pour situer son travail.
   b. Le deuxième jour, il créa le firmament.
   c. Le troisième jour, il fait venir la vie végétale sur la terre.
   d. Le quatrième jour, il créa le soleil, la lune et les étoiles pour l'entretien des saisons et de la végétation.
   e. Le cinquième jour, il créa la vie animale dans l'espace et dans la mer.
   f. Quand l'homme vint à la fin du sixième jour, il était là pour constater la création de tous les animaux de la terre, de la mer et de l'espace. **Dieu avait tout mis en place pour lui.**
   g. **Dieu le mit au sein d'un** jardin pourvu de tout pour satisfaire à tous ses besoins. Ge.2:8

Remarques générales:
1. Remarquez que le soleil et la lune ainsi que les étoiles étaient crées au quatrième jour. Ne prenez pas ces jours pour des périodes 24 heures. C'était de longues périodes de millions d'années. Autrement quelle était la durée des trois jours avant la création du soleil et de la lune?
2. La science a prouvé que les planètes Mars et la Terre ayant d'ailleurs à peu près les mêmes compositions, apparaissent

en même temps dans l'univers il y a de cela 4 billions 300 millions d'années
3. En fait de preuve: Dieu est grand, mais sa grandeur nous échappe, et le nombre de ses années est impénétrable. Job.36:26
4. Ses perfections invisibles se voient comme à l'œil nu quand on les considère dans ses ouvrages. Ro.1:20
5. C'est le Dieu de toute éternité. Il va de plus à plus infini sans variations. Jc.1:17

Conclusion

Toi homme qui es son image (sa photo), prépare-toi à le rencontrer, lui l'original.

Questions

1. Présentez l'ordre de la création
2. Cochez la vraie réponse
   Pour créer chaque élément des cieux et de la terre Dieu prend ____20 minutes ____ 2 heures ____ 6 jours ____ des périodes.
3. Les planètes Mars et la Terre sont venues dans l'univers depuis ____ 3000 ans ____ 10,000 ans ____ 4 billions 300 millions d'années.
4. Vrai ou faux
   a. Le soleil fut créé le premier jour ___ V ___ F
   b. Les poissons furent créés avant l'homme.__V__ F
   c. Adam n'avait pas de dent ___ V ___ F
   d. La mère d'Adam était morte durant les couches._ V _ F
   e. Le livre qui constate les œuvres de Dieu s'appelle Coran __V __ F

Leçon 7
Noel

Jésus, un signe de contradiction

Texte pour le moniteur: Mt.Chap 5, 6, 7; Mc.3; 31-34; Lu.2:48-50; 7:34; Jn.2: 4; 29:26-27; 14:20; Ep.3:10; Ro.5:1; 8:1
Texte pour la classe; Lu. 2: 25-35
Texte d'or: Lu.2:34
Méthodes: Discussion, questions, comparaisons
But: Présenter Jésus comme un révolutionnaire dans la vie spirituelle et sociale.

Introduction
Dès son entrée dans le monde, Jésus était considéré comme un signe destinée à provoquer la contradiction Lu.2:34b

I. Par son style de vie.
1. Pour venir parmi nous, il **emprunta** une étable. Lu.2:7
2. Pour son entrée à Jérusalem, il **emprunta** un âne. Lu.19:30-31
3. Pour prêcher près d'un rivage, il **emprunta** un canot. Lu.5:3
4. Pour recevoir à souper il **emprunta** une chambre dans une maison haute. Lu.22:10-12
5. Pour être inhumé, il fut mis dans une **tombe empruntée**. Mt.27:57-60
6. Un *roi* né dans une étable, d'une famille *pauvre*. Comparez Le.12:8 et Lu.2:24
7. Il n'a pas accepté Joseph pour père, ni Marie pour mère Lu.2: 48-50 ; Mc.3:31-34; Jn. 2: 4; 19:26-27
8. 70 fois dans le Nouveau Testament, Il a plutôt cité le nom de Dieu comme son Père: Lu.2:49; Jn.15:1

9. Il choisit de venir en un temps inapproprié: un hiver rigoureux.
10. Il parle comme un monarque mais agit comme un démocrate au point de manger avec des gens de rien. Mt.5:33; Lu.7:34
11. Quoique maitre, Il lave les pieds des disciples. Jn.13:3-5

II. Par son enseignement. Mt. Chap. 5 à 8

1. Hier c'était la loi du talion: œil pour œil, dent pour dent. Le.24:20 aujourd'hui: il ne faut pas résister au méchant. Il faut présenter la joue gauche à celui qui vous frappe sur la joue droite. Mt.5:39
2. Hier, il fallait lutter pour ses biens; aujourd'hui il ordonne de ne pas réclamer son bien à celui qui s'en empare. Lu.6:30
3. Hier, il fallait haïr ses ennemis; aujourd'hui il faut les aimer, les bénir et prier pour eux. Ex.21:23-25; Mt.5:44
4. Hier, il fallait se tuer pour des biens matériels; autrefois, même en allant à la guerre on emportait tous ses biens; aujourd'hui on doit les négliger à cause du royaume de Dieu. 2Ch.20:25; Mt.6:19-20

III. Par sa manière de bâtir son Eglise.

1. Il habite dans le cœur des croyants et non dans l'arche. Jn.14:20
2. Et quand son nom est prononcé, il se présente. Mt.18:20
3. Il agit en eux par le Saint-Esprit et non par l'intermédiaire d'un prophète. Es.43:1; Jn.16:13
4. Il défit les forces du diable par l'Eglise. Ep.3:10

5. Il bâtit le caractère du chrétien par sa parole et non par les armes offensives. 2Co.10:4
6. Il ne nous engage pas à lutter mais à marcher dans la victoire en utilisant seulement les armes spirituelles. 2Cor.10:4

IV. Par l'octroi d'un héritage différent de celui offert par le premier Adam

a. Une vie avec Dieu pour l'éternité. Jn.3:16
b. La paix avec Dieu. Ro.5:1
c. La sécurité contre les puissances de l'enfer. Ro.8:1

V. Comment cette philosophie de contradiction est-elle acceptée?

1. Cette contradiction est acceptée par tous ceux-là qui veulent obéir sans comprendre. Elle est aussi acceptée par tous ceux-là qui veulent se soustraire aux rigueurs de la loi et pour accepter la grâce de Dieu.
2. Elle est acceptée par les pauvres en esprit, par tous ceux-là qui sont déçus du monde et qui veulent adopter une nouvelle vie.
3. C'est l'appui à cette contradiction qui fait la différence entre les chrétiens et les non chrétiens.
4. On vous taxera de ridicule pour ne pas avoir recherché le style du monde. Jn.15:19
5. On vous donnera toutes sortes de noms à cause de son nom. On vous dit que vous n'êtes pas à la mode. Vous êtes old fashion. Mt.10:22
6. Trouvez-moi dans votre style la puissance pour chasser les démons, pour guérir les malades, pour sauver les perdus et je suis prêt à vous suivre.

Ce que je sais c'est que «Christ est la réponse à tout».
Et vous ne comprendrez jamais pourquoi il se fait tout à tous:
1. Si vous êtes jeté dans la fournaise, il est le climatiseur pour neutraliser les effets de feu. Da.3-25
2. Si vous êtes jeté dans la fosse aux lions, il est le Lion de la tribu de Judas pour dompter tous les lions. Da.6:22
3. Si vous êtes assailli par les malfaiteurs, il est l'ange debout pour vous arracher du danger. Ps.34:8
4. Si vous êtes au tribunal pour entendre un verdict de déportation, il se fait juge pour le bloquer Lu.12:11-12
5. Si vous êtes dans le ventre d'un poisson, il va bloquer la digestion du poisson pour vous libérer sain et sauf. Ce ventre du poisson pourrait être Fort Dimanche, la prison, les grosses dettes. Mais Jésus décide. Jon.2:1

Conclusion

Comment vous trouvez-vous avec cette contradiction? Pour moi, il me rend service. «Et je demeurerai dans la compagnie de Jésus jusqu'à la fin de mes jours.»

Questions

1. Donnez 3 façons par lesquelles Jésus se manifeste comme un signe de contradiction.
   Par son style de vie, par son enseignement, par sa façon de bâtir son Eglise.
2. Donnez deux exemples de contradiction dans son style de vie.
   ___ Il est roi et vit avec les pauvres.
   ___ Il est maitre et il lave les pieds des disciples.
3. Donnez deux exemples de contradiction dans son enseignement.
   a. Hier la loi disait «Œil pour œil et dent pour dent» Jésus dit d'offrir la joue droite à celui qui vous frappe sur la joue gauche.
   b. Hier il fallait lutter pour ses biens; aujourd'hui on ne doit pas réclamer ses biens à celui qui s'en empare.
4. Donnez deux exemples de contradiction dans sa manière de bâtir son Eglise.
   a. Il habite dans le cœur du croyant et non dans l'arche.
   b. Il défie les forces du diable non pas par les armes mais par l'Eglise.
5. Quel est le sort de ceux-là qui acceptent ces formes de contradiction ?
   a. Ils sont bénis de Dieu en toutes choses
   b. Ils sont hais des hommes.

Table des matières

Série 1	Les Profondeurs de Dieu	1
Leçon 1	Le pouvoir absolu de son nom	4
Leçon 2	Dieu dans ses relations avec les Hommes	7
Leçon 3	Le Dieu de la Révélation progressive..	10
Leçon 4	Le Dieu de la Révélation parfaite	13
Leçon 5	La Trinité	16
Leçon 6	La Trinité (suite).........................	19
Leçon 7	Le Dieu Père de la création.............	22
Leçon 8	Le Dieu de la création Père, Eternel, Dieu	25
Leçon 9	Le Dieu de la Rédemption...............	29
Leçon 10	Le Dieu de la glorification..............	32
Leçon 11	Dieu de la multiplication	35
Leçon 12	Le Dieu de l'inspiration	38
Récapitulation des versets du trimestre...............		41
Série 2	Les Profondeurs de Satan	44
Leçon 1	L'origine de Satan	46
Leçon 2	Les noms de Satan	49
Leçon 3	Les noms de Satan (suite)	52
Leçon 4	Les divinités africaines et Leur migration en Haïti	55
Leçon 5	Les agents de Satan	59
Leçon 6	Les agents de Satan (Suite)	63
Leçon 7	Le conseil administratif de Satan	66
Leçon 8	Les Trucs de Satan	69
Leçon 9	Satan et ses cinq armées meurtrières..	73
Leçon 10	Son influence sur la chair	77
Leçon 11	Son influence dans le monde	80
Leçon 12	La fin de Satan	83
Récapitulation des versets du trimestre		86

Série 3	La Prière	88
Leçon 1	Seigneur, enseigne-nous à prier	90
Leçon 2	Seigneur, enseigne-nous à prier (Suite)	95
Leçon 3	Le format de la vraie prière	100
Leçon 4	Le format de la vraie prière (Suite)	104
Leçon 5	La nécessité d'avoir un compagnon de prière	109
Leçon 6	La mystique de la prière	112
Leçon 7	La qualité de la prière	117
Leçon 8	Le rôle du Saint-Esprit dans la prière	121
Leçon 9	Des définitions de la prière	125
Leçon 10	La prière de la foi	130
Leçon 11	La prière en profondeur	134
Leçon 12	Enseigne-nous à jeuner	139
Récapitulation des versets du trimestre		143
Série 4	Le foyer chrétien	145
Leçon 1	L'origine du foyer	147
Leçon 2	La fondation de la famille	151
Leçon 3	Le foyer chrétien et le culte de famille	155
Leçon 4	Le foyer chrétien et L'éducation sexuelle	159
Leçon 5	Le foyer chrétienté et l'éducation sociale	164
Leçon 6	Le foyer chrétien et le rapport avec Les beaux-parents	169
Leçon 7	Le foyer chrétien et les conflits dans l'éducation des enfants	174
Leçon 8	Le foyer chrétien et les conflits avec les beaux-parents	178
Leçon 9	Le foyer chrétien et les problèmes économiques	182

Leçon 10	Le foyer chrétien et les conflits sentimentaux	187
Leçon 11	Le foyer chrétien et les heures de loisir	191
Leçon 12	Le foyer chrétien et les cas d'infidélité conjugale	194
Récapitulation des versets du trimestre		200

Torche Brulante Leçons Spéciales		202
Leçon 1	Pâques	203
Leçon 2	Fête des mères ou fête de la maternité	208
Leçon 3	La fête des pères	213
Leçon 4	La Reformation	216
Leçon 5	Thanksgiving	219
Leçon 6	La fête de la bible	222
Leçon 7	Noel, Jésus un signe de contradiction	225

Rev. Renaut Pierre-Louis

Esquisse Biographique

Pasteur de l'Eglise Baptiste à Saint Raphael,	1969
Diplômé du Séminaire théologique Baptiste d'Haïti	1970
Diplômé de l'Ecole de Commerce Julien Craan,	1972
Professeur de langues vivantes au Collège Pratique du Nord au Cap-Haitien	1972
Pasteur de la Première Eglise Baptiste au Cap-Haitien	1972
Pasteur de l'Eglise Baptiste Redford Cité Sainte Philomène	1976
Diplômé de l'Ecole de Droit du Cap-Haitien	1979
Fondateur du Collège Redford et de l'Ecole Professionnelle ESVOTEC	1980
Pasteur de l'Eglise Baptiste Emmaüs à Fort Lauderdale	1994
Pasteur de l'Eglise Baptiste Péniel à Fort Lauderdale	1996

Pasteur militant pendant quarante-six ans, avocat, poète, écrivain, dramaturge, Ce serviteur du Seigneur vous revient aujourd'hui avec "**La Torche Fulgurante**", un ouvrage didactique de haute portée théologique qui a déjà révolutionné le système d'enseignement dans nos Écoles Du Dimanche, et dans la présentation du message de l'Evangile.

"**La Torche Fulgurante**" vous est aussi présentée en livret trimestriel sans nous écarter de notre promesse de vous enrichir avec douze volumes empreints de variété et de profondeur.
Pasteurs de recherche, prédicateurs de réveil, moniteurs de carrière, chrétiens éveillés, prenez "La Torche" et passez-la.
2 Tim. 2:2